Llévame Contigo Siempre

Una viuda joven y su historia de amor, pérdida y lo que viene después...

Llévame Contigo Siempre

Una viuda joven y su historia de amor, pérdida y lo que viene después...

Faby Ryan

ALEGRIA PUBLISHING

Número de Control de la Biblioteca del Congreso: 9798986084428
ISBN: 979-8-9860844-2-8
Publicado por Alegria Publishing
Portada y maquetación del libro: Carlos Mendoza

Título original: Always Carry Me With You
Traducción: Paloma Alcantar

Para Emma,
La luz de mi vida y el propósito de todo lo que hago.

Para Danny,
El amor de mi vida. El hombre que en vida y muerte me cambió
en todos los sentidos que una mujer puede ser cambiada.

Prólogo

*"Tu cuerpo está lejos de mí,
pero hay una ventana abierta
desde mi corazón al tuyo."*
- Rumi

Llévame Contigo Siempre da testimonio de los poderes transformadores que viven en el corazón de nuestras historias personales.

Cuando Faby Ryan se embarcó en este anhelado sueño de escribir su primer libro, ella tenía un inmenso anhelo de compartir su historia con otras mujeres mientras lidiaba con su propio dolor, con la esperanza de que se sintieran menos solas. Poco sabía ella que estas memorias traerían una catarsis completa a su propia vida y su propio viaje de sanación.

En el proceso de escribir estas memorias y las muchas sesiones de escritura en las que participé como mentora de Faby Ryan, pude ser testigo de cómo sus lágrimas coexistían con sorprendentes destellos de belleza y risas en medio de la pérdida, recordándome que la dualidad también da la bienvenida a la alegría.

Como su mentora de escritura, mi único trabajo real era asegurarme de que Faby se sintiera segura y abrazada a lo largo de este proceso, para que su talento innato como narradora pudiera florecer.

Y floreció… créeme.

Ella lo hizo.

Tanto Faby como este libro que ahora sostienes han florecido en los últimos 12 meses, a través de este proceso artístico de creación, donde tanto el creador como su lector pueden sentarse con su dolor y salir del otro lado.

¿Qué nos espera al otro lado del dolor y la pérdida?

¿El amor trasciende el tiempo y el espacio?

¿Estamos todos inherentemente conectados a través del espíritu y el amor incondicional?

Mientras leo *Llévame Contigo Siempre*, no puedo evitar sentir las palabras de Rumi que vienen a mí:

> *"Las despedidas son solo para los que aman con los ojos.*
> *Porque para los que aman con el corazón y el alma no existe la separación.*
> *El dolor puede ser el jardín de la compasión.*
> *Si mantienes tu corazón abierto a través de todo,*
> *tu dolor puede convertirse en tu mayor aliado en la búsqueda de amor*
> *y sabiduría en tu vida".*

Davina A. Ferreira
Fundadora de ALEGRIA Media & Publishing

Contenido

Introducción

Al crecer, nunca me vi a mí misma como la princesa que es rescatada al final de un cuento de hadas. Para mí, los "felices para siempre" simplemente no existían. Todos los matrimonios que había presenciado habían fracasado, estaban fracasando o estaban esperando por un divorcio. Cuando era niña, estaba dividida entre dos mundos: un mundo de cuentos de hadas inventados (que realmente quería creer que existían) y un mundo donde nada funcionó.

Mientras casarse con el príncipe azul y la idea del "felices para siempre" era la mayoría de los sueños de mis amigos, eso simplemente no era algo que yo veía para mi futuro. Tenía otros planes para mí, planes que incluían algún día convertirme en escritora y compartir mis historias con el mundo. Las ideas de construir una vida con alguien y el matrimonio me aterraban. La idea de tener hijos era aún más aterradora. Nunca me vi como maternal. Había soportado demasiado dolor y trauma cuando era niña, lo que hizo que nunca quisiera traer mis propios hijos al mundo.

Como la vida lo haría con sus giros y vueltas, todas y cada una de las ideas sobre el príncipe azul que alguna vez tuve cambiaron por completo cuando mi caballero con muletas brillantes entró en mi vida y cambió para siempre mi historia. Sí, leyó bien, sin caballo blanco o armadura brillante; había muletas, motos de cross y botes. ¡Ay! Conocí a Danny en un momento de mi vida en el que estaba increíblemente concentrada en mis estudios y en mí misma, y aún trataba de superar un corazón roto. No estaba en un buen lugar para tener citas, y mucho menos estar en una relación, pero Danny era persistente, un emprendedor, a diferencia de cualquier otro hombre que haya conocido. Era genuino, amable, cariñoso e increíblemente divertido, un hombre con la sonrisa más hermosa.

A los veinticinco años, y después de solo nueve meses de noviazgo, me casé con este hombre, el amor de mi vida. Y convertirme en madre pronto se convirtió en lo que más deseaba. Resultó que la historia que pensé que nunca quise había sido todo lo que necesitaba, y la que cambiaría mi vida para siempre. Casarme con Danny me cambió en todos los sentidos en que una persona puede cambiar. Pero como el destino lo quiso, nuestra historia fue como ninguna otra, y nos llevó a un viaje como nunca antes había imaginado. Fue un viaje de amor, esperanza, resiliencia, sanación y propósito. Y, sí, muchas dificultades, aflicción y dolor también; pero si pudiera elegir, lo soportaría todo de nuevo si eso significara compartir mi vida con un hombre tan increíble y convertirme en madre del pequeño milagro más asombroso creado por nuestro amor.

Sé que no sería la persona que soy hoy si no hubiera sido por la vida que he vivido, las experiencias que me han dado forma y el viaje de amor, esperanza, pérdida, resiliencia y lo que viene después. No es el típico cuento de hadas con un final feliz para siempre, pero esta es mi historia única. Mientras me siento aquí hoy, a punto de compartir mi historia con el mundo, no puedo evitar pensar en las opciones. Si nunca hubiera permitido que el amor entrara en mi vida, si me hubiera apartado de las ideas del amor, el matrimonio y los niños debido a mis miedos de cuando era niña, nunca habría sabido lo que es el verdadero amor y la felicidad. Mientras mi historia de amor no termina como hubiera deseado, me alegro de que las decisiones que tomé me llevaron a conocer y amar a una de las mejores personas que he llegado a conocer, no perfecta de ninguna manera, pero perfecta para mí.

Todos estamos a una elección de distancia del resto de nuestras vidas, y esta fue la mía. Aunque deseo que algunas partes de mi historia nunca hubieran sucedido, me han inspirado a vivir una vida con propósito, a apreciar más y a encontrar mi alegría. Espero que con mis palabras y a través de mi historia pueda inspirarte a ti también. Que en los días que sientas que no puedes continuar, quizás te des cuenta de que puedes. Y lo harás.

Si me hubieran dicho que a los treinta y ocho años, en medio de una pandemia mundial y en medio del dolor estaría escribiendo y publicando unas memorias, nunca lo hubiera creído. Pero aquí estoy, aterrorizada por lo desconocido y lista para cualquier cosa que la vida me presente.

Este libro es para cualquiera que haya amado alguna vez. Cualquiera que haya experimentado una pérdida o duelo. Y cualquiera que se haya embarcado en el viaje para encontrar lo que viene después...

Te Amo

Tengo miedo de amarte, porque tengo miedo de perderte

La primera vez que dije: "te amo", no esperaba decirlo, de hecho, realmente no había pensado en eso. Esas tres pequeñas palabras que se usan con demasiada frecuencia y tan vagamente, significaban demasiado para mí como para decírselas a alguien. Y aunque Danny se había convertido en alguien increíblemente especial para mí, la idea de decir "te amo" me asustaba. A lo largo de nuestra relación, Danny se aseguró de recordarme lo mucho que realmente le gustaba y lo increíblemente asustado que estaba de que le rompiera el corazón; irónico, porque ese siempre había sido mi mayor temor en todas y cada una de las relaciones. "Dime si no te gusto, porque a mí realmente me gustas. Y si no te gusto, eso va a doler, pero prefiero escucharlo de ti ahora que más tarde, así que si no te gusto solo dímelo", decía a menudo. "Hazlo más lento", le dije. "Cuanto más rápido lo tomes, antes terminará. Tomemos las cosas con calma", despacio sería mejor.

Yo necesitaba que fuera lento, quiero decir, me tomó cinco semanas tan solo para llamarlo después de que me dio su número, pero Danny esperó lo suficiente; no estaba dispuesto a tomarse las cosas con calma. Se emocionaba con facilidad y se ponía nervioso por completo. La paciencia no era su fuerte, especialmente cuando se trataba de nuestra relación. Cuando Danny puso su corazón en mí, lo hizo todo. Nunca se contuvo ni jugó juegos como yo había estado acostumbrada a los chicos en relaciones anteriores. Estaba ansioso por conquistarme, pero de la manera más genuina, amable y amorosa. Recuerdo que en nuestra primera cita no oficial (el día antes de nuestra fecha oficial fijada, porque no podía esperar otro día para verme) me llevó a Palos Verdes a dar una caminata por los acantilados con vista al océano. "Para antes del juego", dijo.

Más tarde supe que "antes del juego" era algo que le gustaba decir a menudo.

Esa mañana de sábado a mediados de mayo, caminamos por las colinas con el aire salado del océano en Palos Verdes,

CA, el sol primaveral perfectamente cálido brillaba a través de los senderos.Hablamos durante horas sobre todo y nada. Era tan fácil hablar con Danny, y tenía una manera de hacerme reír como ninguna otra. Nunca se tomó a sí mismo demasiado en serio, lo cual fue algo refrescante. A media tarde de ese día, sentí como que le conocía desde hacía más tiempo del que en realidad era. Terminamos nuestra caminata en este pequeño banco que se convertiría en nuestro banco, un lugar que decidió con total naturalidad y al que seguramente regresaríamos. Después de nuestra caminata, volvimos a su casa en Torrance, a unos treinta minutos en automóvil desde donde estábamos. Honestamente, no estoy seguro de por qué acepté esto si apenas conocía a este tipo, y ahora regresaba a su casa; ¿quién era yo? Creo que todavía estaba envuelta en las endorfinas felices de nuestra increíble caminata. ¿Cómo supo que este era el camino hacia mi corazón? Una vez que estuvimos en su casa, Danny decidió que quería cocinar para mí, BBQ para ser exactos, excepto que no tenía nada listo en su despensa. Entonces, este chico decidió dejarme en su casa para ir de compras, creo que sólo estaba tratando de impresionarme mostrando su independencia y sus habilidades en la cocina, lo cual funcionó totalmente. "Iré contigo" –insistí–, pero él quería hacerlo todo solo, todo para mí.

"Eres mi invitada; déjame atenderte", y así lo hizo. Lo siguiente que supe fue que estaba preparando hamburguesas, verduras y frijoles a la barbacoa. Podría acostumbrarme a esto –pensé–. ¿Quién no ama a un hombre que sabe cocinar? Después de la cena, me llevó a su garaje para mostrarme su proyecto con orgullo y alegría: un motor de bote de carreras que había estado construyendo durante años. "¿Realmente hiciste todo esto tú mismo?, pregunté. Fue increíble, su rostro brilló cuando habló de este proyecto. No sabía nada sobre barcos, motores o maquinaria, pero era hermoso verlo. No hace falta decir que tuvimos una cita increíble "antes del juego". Fue fácil, sin presión en absoluto, llegó a verme tal como era, y yo, a él. Sin máscaras ni apariencias.

Al día siguiente de nuestra primera cita oficial, en realidad yo estaba un poco nerviosa, sorprendentemente, quería que Danny me viera sin mis uniformes de trabajo ni mi atuendo de excursión. Quería que me viera arreglada, con tacones y vestido, un bombón pues. Quería impresionarlo y sacudir su mundo; además, cualquier excusa para arreglarme siempre me gustaba. Sabía que íbamos a cenar a Hermosa Beach, pero Danny no me dijo más. Quería ir a lo seguro, así que me puse un pequeño vestido negro de manga larga, ajustado y de seda que caía justo por encima de las rodillas.

Las mangas largas eran de gasa y estaban estampadas con un hermoso detalle en acento magenta, tenía los tacones puntiagudos perfectos para combinar. Me alisé el pelo para la ocasión, lo que suelo hacer cuando salgo. Mi maquillaje fue un *semi-smokey eye,* perfecto para un look de noche, y con un delicado tono *nude* en los labios. Estaba ansiosa y emocionada ya que no había salido en mucho tiempo, así que esas mariposas de la primera cita estaban realmente revoloteando. No podía esperar a ver a Danny, y también tenía curiosidad por saber cómo él manejaba esto. Poco sabía yo que Danny no era del tipo que se disfraza; él era sencillo, podía vivir en chancletas y pantalones cortos todo el día todos los días; pero para mí, se vestía bien. Llevaba jeans, una camisa abotonada, zapatos *skater* y una chaqueta negra (que se convertiría después en su favorita). Se veía lindo, como un verdadero caballero; se acercó a la puerta, que dudé en abrir (¡qué chica!). Me acompañó hasta el coche, me abrió la puerta y salimos.

— ¿A dónde vamos?

— Es una sorpresa.

Condujo hacia Hermosa Beach hasta un lindo y pequeño restaurante italiano cerca de The Strand. Tuvimos una cena increíble y acompañada de un delicioso vino tinto. Más tarde, supe que Danny no era un tipo de vino; seguro que no iba a tener eso. ¡Lo convertí en un tipo de vino en muy poco tiempo! Hablamos interminablemente durante la cena; quiero decir, no podrías hacer que nos calláramos aunque lo intentaras.

Después de la cena, caminamos hacia un club de comedia

y magia para el espectáculo de la noche, donde Jay Leno era el cabeza de cartel. Cena, vino y una buena carcajada: ¡este era mi tipo de cita!

Dentro del club de comedia, nos sentamos en la oscuridad, en una mesita de cócteles en la parte de atrás (era todo lo que tenían, no se hagan ideas) y pedimos bebidas. No podíamos dejar de reír y hablar, estábamos más interesados en nuestra conversación que en los comediantes, tanto que nos hicieron callar demasiadas veces y casi nos echan del lugar. Oye, ¿qué puedo decir? ¡Teníamos mucho que decir!

Terminamos esa noche en un pequeño café de los 80's ubicado al final de la calle, bebiendo malteadas hasta la madrugada. Lo pasamos de maravilla, y sabía que este chico iba a cambiar mi vida. Terminamos la noche con el primer beso más maravilloso, el tipo de beso que esperaba: largo y suave, pero con la intensidad perfecta. Danny, me enteré esa noche, era un besador increíble.

Por mucho que dudé al principio, Danny y yo nos volvimos inseparables. Tenía esta manera de hacerme sentir especial e importante en su vida, incluso cuando estaba fuera de la ciudad o de camino al trabajo, lo que sucedía a menudo en ese momento. Siempre se aseguraba de que yo supiera que estaba pensando en mí. Me enviaba flores al trabajo, pasaba antes y después de cada viaje para darme los buenos días o buenas noches. Pasábamos horas seguidas al teléfono, y si no estábamos juntos, estaríamos chateando en una sala de chat en línea o por correo electrónico. "Me estoy quedando dormido" -decía-. "No podemos seguir quedándonos despiertos tan tarde; mejor cuelga". Era hermoso en ese entonces, no había redes sociales como las que hay hoy, las cosas eran más íntimas y personales, o tal vez, soy de la vieja escuela y me encanta.

Al poco tiempo Danny me presentó a toda su familia el 4 de julio. Todos los años en este día, su familia se reunía para celebrar en casa de la abuela Vi (su bisabuela). "Tienes que venir este año" -dijo-. "No hay forma de que te niegues. Quiero que conozcas a mi abuela y al resto de la familia". Así, que lo hice, de repente conocí a sus padres con sus respectivas parejas, hermanos, hermanastros, primos, tíos, tías, amigos de la familia y montones y montones de sobrinos y sobrinas. Fue una casa llena y súper intimidante por decir lo menos. Estaba acostumbrada a las familias grandes, yo mismo tengo una, pero nunca esperé que la suya fuera tan grande; aún así, terminamos pasándolo muy bien y anduvimos en bicicleta por el vecindario, hacia y desde mi casa. La casa de la abuela Vi estaba literalmente a tres minutos de la casa donde vivía con mis padres. Mi amiga y ex-compañera de trabajo, Brittany, también vivía en el área, así que terminamos llevando la fiesta en la cuadra durante parte del día.

La familia de Danny fue acogedora, especialmente su papá, y pronto me di cuenta del increíble vínculo que había entre ellos. También conocí e inmediatamente me enamoré de la abuela Vi, era la dama más dulce y con los ojos azules más amables y hermosos; transmitía amor, amor puro. Me sentí bienvenida por ella al instante, y siempre fue así, hasta que falleció años después. La noche anterior a su fallecimiento hablé con ella y sostuve su mano hasta que se durmió. Ella estaba dentro y fuera de la conciencia, pero siempre supo quién era yo, sentí su amor y sé, que ella, sintió el mío. El 4 de julio en casa de la abuela siempre tendrá un lugar especial en mi corazón.

En el cumpleaños número 29 de Danny, decidí planear una fecha especial para él. Había sido tan increíble conmigo que quería hacer algo por él, y hasta este punto, él había sido el que me hizo saber lo que sentía por mí, mientras yo todavía estaba increíblemente indecisa. Pero ese día, lo invité a salir oficialmente, o al menos eso pensó él... nunca resolvimos esa parte. Lo llevé a cenar a Moon Shadows en Malibú para celebrar y después del postre pregunté: "Entonces, ¿quieres que esto sea oficial?". ¡Él se rió y vertiginosamente dijo que sí!, ese fue el inicio de una hermosa relación.

El comienzo de Faby y Danny.

Danny era un amante. Tenía tanto amor en su corazón para dar, y conmigo, nunca se contuvo. Poco después de que lo hiciéramos oficial, Danny dijo "te amo" por primera vez, me asustó muchísimo. Realmente me gustaba y sentí su sinceridad, pero no pude devolvérselo; no estaba lista. Le dije que me gustaba mucho y que me encantaba pasar tiempo con él, pero que no quería decir "te amo" solo porque él lo había dicho. Quería estar absolutamente segura cuando lo dijera, él estaba desanimado, pero entendió y creo que me respetó un poco más por ser fiel a mí misma y ser honesta. Solo necesitaba un poco de tiempo.

Una noche después del trabajo, Danny y yo fuimos a un restaurante/bar local para comer algo, resultó que era una noche de karaoke. ¡Me encanta una buena noche de karaoke!, por supuesto Danny me animó a inscribirme para cantar, así que lo hice. De repente me puse tan nerviosa cuando dijeron mi nombre para subir y cantar, ¿qué estaba pensando? Mi corazón comenzó a latir tan rápido y tan fuerte que tenía miedo de que el micrófono lo captara, Danny se sentó en la primera fila y me miró fijamente mientras la música empezaba a sonar. ¡Mierda!, ¿qué estoy haciendo? Y comenzó la canción *"But I Do Love You"* de LeAnn Rimes.

Miré a los ojos de Danny durante toda la canción y él miró directamente a los míos. Por un momento toda la habitación desapareció y solo quedamos nosotros dos, sentí cada palabra y pronuncié cada letra directamente desde mi corazón hacia el suyo. De repente me di cuenta: amaba a este hombre, yo estaba enamorada de él. Fue un milagro lograr terminar la canción, estaba llena de emoción, y por mucho que quisiera que la canción terminara, tampoco lo hice, porque quería que este momento durara. Mientras caminaba de regreso a mi asiento, vitoreando y charlando a mi alrededor, mantuve mis ojos en Danny. De pie frente a él, lo dije, como si la canción no hubiera sido lo suficientemente clara: "te amo", me abrazó y me besó, luego susurró: "Lo sé".

Súper Cita

Cuando te conocí no sabía que existía este tipo de amor.
Ahora sé lo que realmente significa sentirse amada

La noche en que Danny me propuso matrimonio, pensé
que lo veía venir, pero lo entendí todo mal. Habíamos estado
saliendo durante nueve meses hasta ese momento, habíamos
intercambiado "te amo" y conocíamos a las familias del otro. Mi
familia lo amaba, y pensé que yo también le gustaba a la de él,
pasábamos cada oportunidad que podíamos el uno con el otro,
no podíamos mantenernos alejados. ¡Estábamos enamorados!,
todo el mundo podía verlo, flotaba en el aire. Un viernes por
la noche, a principios de diciembre, Danny me dijo: "cariño, el
domingo te llevaré a una súper cita".

–"¿Una súper cita?", respondí. "¿Pero no has perdido
ninguna apuesta?"

–"¡Quiero hacerlo por ti, te quiero!; tú sígueme el rollo."

Ahora, déjame explicarte qué es una súper cita y por qué
se convirtió en una parte tan importante de nuestra vida y de
nuestro matrimonio y una forma de llenar nuestra copa de amor.
Todo comenzó con un simple "¿cuánto quieres apostar?" Y
como no sabíamos qué apostar, dije: "te apuesto una cita".

Danny, siendo Danny, tuvo que subir la apuesta y dijo: "¡te
apuesto una súper cita!".

- ¿Una súper cita?

- Sí, quien pierda la apuesta tiene que llevar al otro a una
cita exagerada. Él / ella tiene que planificar cada detalle. ¡Y debe
ser una sorpresa!"

Me tomó por sorpresa. *¡Es una apuesta!*

Danny perdió la primera, ni siquiera estoy segura de cuál
era la apuesta, pero la súper cita la recuerdo claramente. Danny
planeó esta noche durante dos semanas, era tan lindo tratando
de ser extra astuto. Él hizo todo para no darme pistas, todo lo
que podía decirme era cuándo estar lista. Era mediados de otoño,

hacía un poco de frío y no sabía lo que estaríamos haciendo, así que fui a lo seguro y me puse un vestido largo color mandarina. Todavía era sexy pero lo suficientemente cubierto en caso de que hiciera frío.

Danny me recogió en mi habitación, vestido con esos jeans *Hudson* de mezclilla lavada que eran mis favoritos y hacían que su trasero se viera realmente bien; una camisa marrón con botones y zapatos de vestir negros. Se veía tan guapo, y yo estaba más que emocionada.

Primero, Danny me llevó a cenar a Newport Beach en uno de esos lugares japoneses de teppanyaki que nos encantaban. Nos reímos un poco cuando el chef hizo sus trucos en la parrilla y nos hizo pescar algunos camarones que arrojó sobre la mesa. Disfrutamos de una copa de vino mientras comíamos nuestra cena, que estaba deliciosa. A la cena le siguió un paseo en góndola por los canales de Newport Beach. ¡Fue tan lindo! Yo no sabía esto en ese momento, pero Danny incluso fue a HomeGoods, una de mis tiendas favoritas, seleccionó y compró una canasta de mimbre para la ocasión.

Una vez en el lugar de la góndola, apareció con la canasta de mimbre llena con dos botellas de vino, bocadillos ligeros, servilletas y una manta acogedora para el crucero nocturno, todo lo cual había estado escondido en el asiento trasero de la camioneta todo el tiempo. Me impresionó su atención al detalle y todo el amor que puso en la sorpresa de la noche. Danny definitivamente conocía mi lenguaje de amor. ¡Esta fue la mejor súper cita!

El paseo en góndola fue increíblemente romántico, navegamos por los canales justo antes de la puesta del sol y brindamos con nuestras copas: "¡por nosotros!". El chico remando en el bote cantando en italiano todo el tiempo fue la guinda del pastel; nos divertimos mucho. Esa noche, tuvimos una de las citas nocturnas más románticas y emocionantes. La anticipación y el no saber, pero saber que algo grandioso se avecinaba, lo hizo aún más divertido. Estábamos en algo aquí y gracias a Dios había ganado yo esta apuesta. Planeé ganarlas a todas en el futuro, Danny había puesto el listón muy alto.

Las súper citas no podían ser tomadas a la ligera, lo habíamos decidido; solo se podían usar como si fuesen una gran negociación entre nosotros, Danny había descubierto que el tiempo y el esfuerzo que se invirtieron en armarlas fue mucho. Y, por supuesto, el juego estaba en marcha. Ambos nos esforzamos mucho por ganar, pero perdí la próxima apuesta de la súper cita y la presión estaba sobre mí. Aunque Danny era en su mayoría tranquilo y sencillo, no era el más fácil de impresionar; tenía que pensar en algo varonil y masculino para hacer, no era una tarea fácil para esta chica femenina, pero me encantaba el desafío y estaba decidida. Yo era una romántica empedernida, esto va a ser pan comido, pensé.

Créeme, no fue nada fácil.

¿Sabes que las mujeres son de Venus y los hombres son de Marte?, pues algunos. ¿Qué podría hacer por Danny que no fuera empalagoso y romántico?, se me había ocurrido la mejor idea, o al menos eso pensaba yo. Lo llevé a un picnic al atardecer frente a la playa, mi hermana me ayudó a organizar todo antes de la cita. No sé si Danny disfrutó tanto del romántico lino blanco y las rosas rojas al atardecer como lo hice yo, pero bueno, ¡fue mi primer intento! En la cena, le entregué boletos de los Lakers casi en la cancha, ¡el juego fue fenomenal! Danny nunca había estado en un juego de los Lakers, y por supuesto, ganaron: ganar-ganar. Y aunque perdí una apuesta, me lo pasé increíble organizando el día para Danny. Tuvimos una cita maravillosa con un final feliz. ¡Siempre un final feliz!

Si mal no recuerdo, Danny perdió más apuestas que yo a lo largo de nuestra vida juntos, pero creo que en secreto lo disfrutó. Estas citas se convirtieron en una parte divertida de nuestra historia, una forma de añadir algo extra a nuestra relación. A ninguno de los dos nos importaba realmente quién ganaba o perdía las apuestas; ambos simplemente disfrutábamos planeándolas el uno para el otro. Eran una oportunidad para divertirnos, unirnos, hacer un esfuerzo adicional y amar un poco más, sin esperar nada en regreso. Las súper citas se convirtieron en una gran parte de nuestra historia de amor.

Entonces, esa noche de viernes en diciembre, Danny me

tomó por sorpresa diciéndome que quería llevarme a una súper cita cuando no había perdido una apuesta. Yo, por supuesto acepté, pero también me quedé pensando en qué estaba planeando. Tuve la extraña sensación de que Danny estaba planeando algo más grande que una súper cita, se lo mencioné a mi hermana:

    - ¡Creo que Danny va a proponerme matrimonio!

    - ¿Por qué piensas eso?

    - No sé. Solo tengo un presentimiento.

    - Lo dudo, creo que te estás imaginando cosas.

El domingo por la mañana, mientras me preparaba para mi súper cita improvisada, mi mamá entró en mi habitación y dijo:

    - Sabes, me gusta mucho Danny. ¡Es un gran tipo y puedo decir que te quiere mucho!

    - ¿Porqué me estás diciendo esto?

    - No hay ninguna razón, realmente me gusta Danny.

Definitivamente hay algo sospechoso aquí. ¿Y si me lo propone?

    - Creo que Danny me lo va a proponer.

    - ¿Por qué piensas eso?, no lo creo.

Y salió de mi habitación.

Danny me recogió alrededor de las cinco para nuestra súper cita. Se veía extra guapo con su camisa de vestir favorita color marrón a rayas de manga larga y jeans de mezclilla: elegante casual, como yo lo llamé. Tomó la autopista de Long Beach y se dirigió hacia Alamitos Bay en el puerto deportivo de Long Beach. Seguí mirándolo con curiosidad todo el tiempo, preguntándome qué estaba haciendo, hasta que nos detuvimos en The Crab Pot para la cena. *¿The Crab Pot? ¡Pero estoy usando un vestido blanco!* The Crab Pot es un lugar de mariscos donde llevan la comida directamente a tu mesa dentro de una bolsa y te dan un babero de plástico para que puedas mantener limpia tu ropa. *Cena informal: definitivamente no me lo propondrá. Pero... ¿y si lo hace?*

Tuvimos una comida deliciosa, nos reímos, brindamos con una deliciosa botella de vino tinto, llegó la cuenta y nada.

Ninguna propuesta, tal vez, estoy imaginando cosas. Después de la cena, Danny me preguntó si quería dar una vuelta e ir a ver los barcos. En diciembre, Long Beach tiene un verdadero desfile de botes genial donde decoran los botes con hermosas luces navideñas, tocan música y se visten con decoración navideña. "Claro" -dije-, y fuimos al desfile de botes.

¿Tal vez me lo proponga con las luces? Vimos la puesta de sol mientras caminábamos por la bahía. Los tonos color rosa, morado y naranja llenaron el cielo; era hermoso y tan pacífico. Danny y yo hablamos sobre lo felices que éramos en nuestra relación hasta ahora, lo mucho que nos llevábamos y cuánto teníamos en común a pesar de que éramos de mundos diferentes, siendo él americano y yo hispana. Nunca había conocido a alguien que me entendiera y aceptara mis verdaderos defectos y todo, como lo hizo Danny. Yo estaba increíblemente feliz.

La noche se volvió oscura y Danny sugirió que nos fuéramos. *¿De verdad? ¡¿Él no me lo está proponiendo?!* Comenzamos a dirigirnos al auto cuando Danny me preguntó si quería ir a Candy Cane Lane, caminar y tal vez tomar un poco de chocolate caliente. *Tal vez quiera proponerme matrimonio en Candy Cane Lane.* Candy Cane Lane es un área súper popular en Torrance, CA, donde bloques y bloques de casas se decoran para Navidad; personas de todas partes vienen cada año y conducen o caminan durante horas para verlo todo. "La noche aún es joven" -dije-, "¡vamos!".

Una vez en Candy Cane Lane, tomamos un poco de chocolate caliente que algunos de los lugareños venden a los visitantes, caminamos mirando algunas de nuestras casas favoritas, que mostraban belenes de tamaño natural, pantallas de proyección e incluso un carrusel. Danny me abrazó y trató de mantenerme caliente del aire fresco de la noche. *Te amo, Daniel John.* Nuestro amor mutuo era tan evidente como las luces que cubrían las calles. *¿Él va a proponerlo aquí?* Danny y yo caminamos y caminamos tomados de la mano hasta que nos cansamos.

- ¿Estás lista para irnos?
- Eso creo -dije y salimos-. *Ninguna propuesta.*

De camino a casa, Danny empezó a no sentirse muy bien. "Tengo que parar" -dijo-, "tal vez fue el chocolate caliente, pero no creo que pueda llegar a casa". Se detuvo en un Starbucks y entró corriendo sin siquiera apagar el auto. "Quédate en el auto", gritó mientras salía corriendo. Cuando regresó, saltó de nuevo al auto y nos pusimos en marcha.

"¿Estás bien?", seguí preguntando.

"Creo que deberíamos llamarlo una buena noche", dijo.

Tuve una noche maravillosa, pero estaba un poco desanimada. Primero, todo este asunto de la propuesta había estado en mi cabeza, y ahora Danny no se sentía bien. Por lo general, después de cada cita, volvíamos a la casa de Danny para pasar un rato y relajarnos por la noche. No estaba segura de que este sería el caso esta vez, pero luego preguntó: "¿quieres que te lleve a casa o quieres que pasamos un rato en mi casa?"

Vamos a pasar, aunque sea por un rato. Estaba tan desanimada, pero quería asegurarme de que Danny también estaba bien. Llegamos a su entrada y Danny me entregó las llaves y me preguntó si podía abrir la puerta, agarré las llaves y seguí adelante. Cuando entré, no podía creer lo que veía; la habitación estaba llena de velas y rosas por todas partes. Me quedé allí en estado de shock. *¿Qué está pasando? ¿Es esto real?* Cuando volví a mirar a Danny, estaba justo detrás de mí, sobre una rodilla, sosteniendo un anillo en sus manos.

No puedo decirte cómo comenzó su discurso o lo que dijo, pero una vez que volví en mí, todo lo que escuché fue: "Faby, te amo y quiero pasar el resto de mi vida contigo. ¿Te casarías conmigo?". Las lágrimas corrían por mi rostro, *¡¿esto realmente está pasando?!* Había estado imaginando que esto sucedería todo el día, pero en este punto ya lo había sacado de mi cerebro. Realmente no me lo esperaba. Me arrodillé para besarlo y con las lágrimas todavía corriendo, dije: "¡SÍ! ¡Por supuesto que me casaré contigo!"

Las emociones fluían increíblemente altas. Estaba incrédula, llena de amor, alegría y confusión. Me levantó y me sostuvo por lo que pareció una eternidad. Danny estaba tan nervioso; podía sentir su cuerpo todavía temblando. Agarró mi mano izquierda y colocó un hermoso diamante de oro blanco de corte princesa en mi dedo anular. *"¡¿Realmente estamos haciendo esto?!*

– ¿Nos vamos a casar?

– ¡Sí, lo haremos, futura señora Ryan!

Brindamos con una copa de champán para celebrar, luego Danny me llevó al dormitorio donde hicimos el amor toda la noche.

★★★

No sabía esto en ese momento, pero tanto mi madre como mi hermana estaban en la propuesta. A principios de esa semana, Danny llamó a mi mamá y le preguntó si podía venir y hablar con ella y mi papá. "¿De qué quiere hablar?" -preguntó mi papá- . "Sabes que no me gusta hablar; ¡mi inglés es terrible!". Mi papá es extremadamente tímido con su inglés, al igual que Danny con sus intentos de hablar español, pero entre gestos con las manos y lenguaje entrecortado, siempre lo hacían funcionar.

El viernes por la noche mientras estaba en el trabajo, Danny fue a casa de mis padres y con todos los nervios del mundo, se sentó y les pidió mi mano en matrimonio. "Quiero casarme con su hija; la amo" -explicó Danny-. "Mamá, ¿qué dices?", Danny le preguntó a mi mamá. Mi mamá estaba llorando tan pronto como se dio cuenta de lo que estaba pasando ella amaba mucho a Danny y sabía cuánto lo amaba yo. Danny se ganó a mi mamá desde el primer día, le encantaba su personalidad, su sentido del humor y cómo siempre era él mismo. Danny se sentía cómodo en cualquier situación, incluso cuando estaba fuera de su elemento. Él ya era un hijo para ella.

- Tienes mi bendición.
- ¿Y tú, Chato? (Chato es como todos llaman a mi papá).
- Lo que ella dijo -fue su respuesta nerviosa, y todos se rieron-.

Y celebraron lo que yo aún no sabía que vendría.

Ese domingo por la mañana, no era de extrañar que tanto mi madre como mi hermana estuvieran actuando de manera extraña, sabían lo que estaba a punto de suceder y querían asegurarme que amaban a Danny, pero al hacerlo, casi revelaron su sorpresa. Tengo un gran instinto e intuición; es difícil ocultarme algo. Cuando Danny se dio cuenta de que estaba sospechando, cambió su plan inicial de proponerme matrimonio en las luces navideñas e inventó toda esa farsa de estar enfermo para engañarme. Rápidamente llamó a mi hermana y le pidió que lo ayudara a arreglar su casa con las flores y las velas para el gran final. Mi hermana era la favorita de Danny y siempre estaba lista para todas sus locuras. Me encantaba la relación entre ellos.

La relación entre mis hermanos y nuestros seres amados siempre fue muy importante para nosotros. Quería que conocieran a Danny antes de que tuviéramos algo serio, al igual que yo había conocido a sus seres queridos. El vínculo entre ellos y nosotros tenía que ser fuerte si queríamos una buena dinámica familiar. Danny se sentía de la misma manera, antes de presentarle a mi familia, Danny se volvió hacia mí y me dijo: "si no le gusto a tu familia, ¡rompe conmigo!". Lo mire desconcertada.

– ¡¿Qué?!" –respondí–.

– Me escuchaste bien; la familia es importante y si no les gusto, esto no funcionará.

Tenía razón. Cuando construyes una relación con alguien, va más allá de dos personas enamoradas. La familia es importante, especialmente en nuestro caso, donde ambos venimos de diferentes orígenes y culturas; era importante para nosotros que nuestras familias lo aprobaran.

Cuando escuché la historia de fondo de los días previos a mi propuesta, me hizo amar a Danny aún más. Él fue cariñoso y respetuoso con mis padres, lo suficiente como para hablar con ellos antes de proponerme matrimonio. Esta era la pregunta más importante de mi vida, una que lo cambiaría todo e incluir a mi familia en una decisión tan importante, significó mucho para mí. Siempre había sido muy importante para Danny que mi familia lo quisiera y lo aceptara. Mi familia no solo lo quería, sino que también lo amaban.

Danny era fácil de amar; era servicial y cariñoso con quienes lo rodeaban, siempre se esforzó por incluir a todos y hacerlos sentir como en casa. Aprendió a comunicarse a través de señales con las manos y español entrecortado con los miembros de mi familia que no hablaban inglés, en particular con mi Mami Celia, que no hablaba ni una palabra de inglés. "Hola abuela", "¿una cerveza?" – decía–. Lo encontraba riéndose y charlando con ella en su divertido español entrecortado. Ella solo se reía con él, tenían un vínculo especial. Cuando perdí a Mami Celia, a principios de 2015 debido al cáncer, Danny estuvo a mi lado en cada paso del camino. Ambos habíamos perdido a nuestras abuelas.

Siempre admiré el carisma y la capacidad de Danny para abrazar a las personas. Sabía que traer a Danny a la familia era la decisión correcta, no solo para mí y mi futuro, sino también para mi familia. Ganaron un hijo y un hermano, Danny vino a nuestro mundo para cambiar y condimentar con su risa, alegría y amor por la vida, nos enseñó a mí y a mi familia mucho sobre cómo vivir la vida al máximo.

DJR

Daniel John Ryan, el chico que me robó el corazón,
el chico de los tres primeros nombres

Cuando conocí a Danny, no estaba muy segura de si nos llevaríamos bien, éramos de mundos muy diferentes. Danny era un chico italiano-irlandés, lleno de vida y energía, al que le encantaba ir de campamento, andar en motos todoterreno, pasear en bote y todas las cosas deportivas y al aire libre de las que yo no sabía nada. Y yo era la latina salvajemente rizada, picante y sociable, como él me llamaba, a la que le encantaba trabajar con la gente, la música y todo lo relacionado con las artes. No era el tipo habitual de Danny, pero era justo lo que él había estado buscando. Danny, aunque tampoco era mi tipo habitual, no se parecía a nadie que hubiera conocido, una vez que lo conocí, rápidamente captó mi atención. A diferencia de cualquier otra persona con la que hubiera salido, él era mucho más interesante, y cuanto más aprendía, más quería saber sobre él.

A la temprana edad de quince años, Danny ya había expresado su amor por trabajar con sus manos; mecanizar era algo que le encantaba hacer. Cuando tenía dieciséis años, ya era maquinista manual en una empresa en El Segundo, CA. Poco después, aprendió por sí mismo a programar y operar un molino. En 1999, a los veinte años, Danny trabajaba en Cosworth Racing como ingeniero de fabricación con los grandes. Estuvo involucrado en las etapas de manufactura, diseño, programación y maquinado. Después de Cosworth, a los veintiséis años, pasó a Honda Racing como ingeniero de investigación y desarrollo y constructor de motores de motocicletas. Permítanme agregar, la mayor parte de esto fue autodidacta, Danny había tomado algunos cursos en la universidad en Blueprint, CAD CAM, SolidWorks, Mastercam y Unigraphics, pero la mayor parte de su experiencia la obtuvo haciendo el trabajo. Danny no era el tipo inteligente con los libros, siempre había sido muy práctico e inteligente en la calle, natural.

Conocí a Danny cuando él tenía veintiocho años, cuando

todavía estaba en Honda Racing. Recuerdo claramente que en una de nuestras primeras citas, me llevó a su trabajo, me mostró el taller y estaba muy emocionado y orgulloso de mostrarme lo que había estado construyendo. Danny se enorgullecía mucho de su trabajo. Además, estaba construyendo un barco de carreras/ motor de barco de carreras. En nuestra primera cita no oficial cuando me llevó a su garaje a verlo, brillaba de orgullo, podría haber hablado interminablemente de su plan, su ejecución y su futuro con ese barco, pero por el bien de nuestra cita, se detuvo. Este era solo uno de sus proyectos paralelos; además, tenía motos de cross y todo lo que tenía que ver con carreras y arreglos y construcción. Este tipo me dejó boquiabierta, no solo era absolutamente encantador, amable y divertido, sino que era muy inteligente. Estaba emocionada de escuchar las historias de Danny y ver su oficio, pero honestamente, esto era un mundo completamente nuevo para mí. No sabía nada ni de motores ni de motos de cross, salir con Danny fue una aventura en sí misma, amplió mi mundo y me mostró cosas que nunca supe que existían.

En 2008, unos meses después de que empezáramos a salir, Danny tuvo la oportunidad de su vida como ingeniero de estructuras para una empresa emergente llamada SpaceX o Space Exploration Technologies. Recuerdo que nos sentamos en el piso de su sala de estar en la casa de alquiler en la que vivía, en Torrance, CA, y me mostró el correo electrónico. Danny dudaba en aceptar el trabajo, no estaba seguro de tener las habilidades para la industria aeroespacial. Danny nunca fue un fanfarrón, por el contrario, solía restarle importancia a sus capacidades. Podía ver a kilómetros de distancia cuán capaz e inteligente era, pero Danny era muy humilde, una cualidad que amaba y admiraba en él. Después de hablarlo, decidió ir por ello. En junio de 2008, tuvo su primera entrevista en SpaceX; en julio tuvo una segunda entrevista, que incluyó entrevistas con Chris Hansen y Elon Musk. A fines de julio, tuvo una oferta de trabajo y el 25 de agosto de 2008 se presentó para su primer día de trabajo. Aunque intimidado y dudoso cuando primero comenzó en la empresa, Danny pasó a tener una increíble carrera de siete años en SpaceX donde creció tanto como ingeniero y dentro de la empresa. Si bien SpaceX no fue un trabajo fácil y requirió mucho de mi esposo, fue un gran lugar que siempre cuidó de él y de nosotros. Hicimos amigos increíbles con los que seguimos en contacto y que luego se convirtieron en un inmenso sistema de apoyo para Emma y para mí. Siempre estaré agradecida con esta empresa y las oportunidades que le brindó a nuestra familia.

Entonces, ¿cómo se llevó bien esta latina atrevida y el irlandés-italiano aficionada al aire libre? Ambos éramos más grandes que la vida, éramos divertidos, ruidosos, valientes y felices. También podíamos ser tercos y firmes en nuestras formas, pero siempre encontramos la manera de ser un equipo y trabajar juntos en las cosas que eran importantes, no solo en las cosas divertidas que cualquiera podía hacer. Danny y yo nos veíamos con amor y orgullo. Estaba tan orgullosa de mi esposo, y sé que él estaba inmensamente orgulloso de mí. Y más que eso, ambos teníamos una ética de trabajo increíble y tomamos decisiones similares, incluso antes de conocernos.

Cuando Danny y yo nos conocimos, hicimos las preguntas difíciles, no solo las cosas superficiales que la gente tiende a hacerse, nuestras propias listas que necesitábamos marcar para que esta relación funcionara, y probablemente no sea la lista en la que están pensando:

- ¿Fumas?, porque si lo haces, es un factor decisivo.
- ¡No!, ¡no, está bien!
- ¿Tienes alguna deuda?, porque no tengo ninguna, y no puedo lidiar con la irresponsabilidad.
- ¡No!, ¡no, está bien!
- ¿Qué piensas acerca de que las relaciones sean 50/50?
- Creo que deberían ser 100/100.
- ¡Lo mismo, estamos de acuerdo!
- ¿Has estado casado alguna vez?
- Comprometido.
- ¡Lo mismo!

Y la lista seguía: ¿Cómo es tu relación con tus padres? ¿Qué opinas sobre los niños y la religión? ¿Qué hay en tu lista para los próximos cinco años?... Resultó que Danny y yo teníamos más en común de lo que nunca había tenido con nadie antes. Quedamos impresionados, no había muchas similitudes en nuestros estilos de vida, pero en el fondo, éramos una pareja perfecta.

Con el paso de los años, Danny me enseñó todo lo que había que saber sobre acampar, el desierto, motos de cross, paseos en bote y muchas cosas más.

Lo probé todo. Me subí a una moto de cross y me caí de culo varias veces, aprendí a conducir un bote y a remolcarlo mientras esquiaba, perfeccioné sacar el bote del agua al remolque de una sola vez, Danny quedó muy impresionado. Acampé y me ensucié, incluso cuando todos sus amigos, especialmente las mujeres, se burlaban de mí, no me importaba, reí y continué. Incluso, aprendí sobre molinos y tornos porque vivía en el garaje jugando con sus herramientas. La mayoría de las veces traía una botella de vino al garaje y bebíamos mientras él trabajaba y olía a grasa para herramientas. Le enseñé a Danny todo lo que había que saber sobre música, arte y moda. Me encantaba trabajar y ayudar a la gente, algo en lo que más tarde se unió a mí. Años más tarde, Danny confesó que se había enamorado, enamorado de mí desde muy temprano, y supo que era yo, después de verme usar el lenguaje de señas con un cliente. Es tu corazón generoso, mi amor, decía siempre. Toqué la guitarra y el piano y una o dos veces traté de que aprendiera una melodía. En cambio, me compró una guitarra mejor porque dijo que la mía apestaba. ¡Cómo amo esa guitarra! Compartí con él mi poesía, mi escritura y mi amor por los libros. Le prometí que algún día escribiría un libro. Danny no era un lector; no creo que haya terminado nunca un libro en su vida, pero de vez en cuando, para mí, lo intentó. Tan diferentes como éramos Danny y yo, también éramos muy parecidos, sobre todo, teníamos un inmenso respeto el uno por el otro.

Danny me empujó a ser mejor cada día; me animó a seguir mis sueños. Lo que sea que quieras hacer, nena, te apoyo, todavía puedo escucharlo decir. Y siempre lo apoyé a él y a sus sueños.

SÍ, ACEPTO

Solo nosotros, para nosotros, prometiendo un "para siempre"

Danny y yo celebramos nuestro compromiso organizando una fiesta un par de semanas después de comprometernos. Fue una fiesta íntima en la casa de Danny con nuestros amigos y familiares más cercanos. Limpiamos e instalamos el patio trasero con mesas redondas con revestimientos de color burdeos (para que fuera un poco elegante) y colgamos luces parpadeantes en todas partes para darle un toque adicional. Queríamos atender la fiesta nosotros mismos ya que estábamos tratando de ahorrar para nuestra boda, así, que Danny decidió preparar un festín italiano: su famosa salsa italiana para espaguetis. Tuvimos música, encendimos una fogata, jugamos, bailamos, reímos y brindamos mientras todos celebraban nuestro futuro. Fue perfecto.

Nadie sabía que el 9 de enero de 2009, solo un mes y dos días después de nuestro compromiso, Danny y yo nos íbamos a casar en secreto. Entre nuestro compromiso y el 9 de enero, Danny y yo organizamos una fiesta de compromiso, nos mudamos juntos, obtuvimos nuestra licencia de matrimonio, compramos nuestros anillos de boda y concertamos una cita en el juzgado de LAX para casarnos. Era viernes, el único día que hacían matrimonios, y teníamos que estar en el juzgado a las 8:30 a.m. para casarnos a las 9 am.

Nos levantamos muy temprano, ansiosos por el evento del día.

— Buenos días, pronto será la señora Ryan, dijo Danny cuando se despertó.

— ¡No puedo creer que estemos haciendo esto!, dijimos emocionados.

Condujimos hasta el juzgado, vestidos para el evento casual. Me puse jeans y una blusa blanca de chifon con escote en forma de corazón; pensé que algo blanco estaría bien. Y Danny vestía jeans, una camiseta roja (su color favorito) y una elegante chaqueta negra. Fue perfecto, solo nosotros como nosotros, nada lujoso. Llegamos al juzgado y nos recibieron mi madre y mi hermana. Teníamos que decirles porque necesitábamos dos testigos, y yo necesitaba tenerlas conmigo. Exactamente a las 9:00 a.m. el juez llamó nuestro nombre. Mi corazón latía con fuerza y las lágrimas comenzaron a brotar de mis ojos. La habitación en la que nos íbamos a casar tenía un arco que estaba decorado con flores artificiales; bajo dicho arco aceptaríamos nuestro compromiso. El juez ya esperaba al final de un pasillo diminuto, no esperaba emocionarme tanto como lo hice, pero la intimidad de nuestro matrimonio y el hecho de que era solo para nosotros lo hizo aún más especial de lo que pensaba. Mientras Danny y yo estábamos ante el juez pronunciando nuestros votos, prometiéndonos para siempre e intercambiando anillos, me enamoré aún más de él. Nos miramos a los ojos llenos de lágrimas y sellamos el momento con el beso perfecto. Estaba tan contenta de que mi madre y mi hermana hubieran estado allí para presenciar y ser parte de nuestro día especial. Creo que ellos también estaban llorando. La sala estaba llena con la cantidad perfecta de personas y una abundancia de amor.

Después de nuestra ceremonia de matrimonio, Danny y yo nos tomamos un momento para nosotros y nos dimos un beso de despedida. Tuvo que volver al trabajo porque no había podido tomarse el día libre debido a sus responsabilidades, todavía me río de ese hecho hoy: nos casamos y nos separamos, ¡ja! Después de que salimos del juzgado, llevé a mi hermana y a mi mamá a desayunar a nuestro Denny's favorito en nuestro antiguo vecindario en Hawthorne, CA, donde nos vitoreamos con café, a Danny y a mí. De nuevo, nada lujoso. Pero el día fue perfecto.

Disney World

Nunca creí en los cuentos de hadas, hasta que te conocí

"Mami, estoy tan emocionada por ir Disney World, no puedo creer que en realidad vayamos en un avión, ¡no puedo esperar para conocer a Elsa y Anna! ¿Crees que pueda sacarme una foto con ellas?, no puedo esperar para llegar allí, mami. ¿Cuánto dura el viaje? ¿Cuándo llegaremos allí? Gracias por mi regalo de cumpleaños, mami. ¡¿Estás emocionada?!" Emma habló emocionada mientras se sentaba junto a la ventana y miraba la bandera en el ala del avión. Eran las 8:30 am. 2016. Un hermoso día de mediados de mayo con cielo despejado. La vista parecía que iba a ser increíble.

- ¡Por supuesto que también estoy emocionada!", respondí.

Cuando era niña, siempre me encantó Disneylandia: los personajes, las atracciones, la música, las princesas. Siempre soñé con ser elegida como una princesa de Disney: la princesa Jasmine de Aladdin, pensé que ella era perfecta, o tal vez, la Princesa Bella de La Bella y la Bestia. Se parecían más a mí que a cualquiera de las otras princesas: piel color caramelo, cabello oscuro y hermosos ojos marrones; además, sabía cada canción y línea de las películas. ¡Qué trabajo de ensueño sería ese!, siempre pensaba la niña soñadora que había en mí. Viviendo en el sur de California, Hawthorne, para ser exactos, llegar a Disneylandia fue muy conveniente. Anaheim, donde estaba ubicado el parque, estaba a solo treinta minutos, no íbamos a Disneylandia con la frecuencia que nos hubiera gustado porque para una familia de cinco, Disneylandia era bastante caro. Mis padres trabajaron muy duro, mi madre era cosmetóloga y mi padre trabajaba en la construcción, pero los tiempos siempre fueron difíciles. No teníamos mucho dinero de sobra, pero mi madre era una gran ahorradora de presupuesto. De vez en cuando, presupuestaba lo suficiente y ella nos sorprendería con un regalo en alguna parte. Algunas de estas veces, el regalo fue un viaje a Disneyland, el lugar más feliz del mundo, ¡y qué felices estábamos! Recuerdo la primera vez que conocí a

Minnie y Mickey en su casa; hablar de sueños mágicos que se hacen realidad. Todavía conservo mi viejo libro de firmas de Disneylandia con sus autógrafos, un pequeño tesoro que le he pasado a Emma.

Mientras tomaba asiento en el avión junto a Emma, quien estaba llena de emociones y entusiasmo, mi mente viajó de regreso al verano de 2008. Era un hermoso y caluroso día de mediados de junio, Danny y yo acabábamos de empezar a pasar el rato, todavía no estábamos saliendo oficialmente, porque yo estaba aterrorizado con la idea de una cita y una relación, pero aquí estaba este chico realmente agradable que realmente me gustaba y yo había accedido a pasar el rato, salir y ser amigos. Este día de verano de mediados de junio en particular, el 18 de junio para ser exactos, lo llevé a una cita a Disneylandia. Estaba muy emocionada de ir, así que planeé todo. Ahora, ningún hombre dice: "¡Claro, cariño, tengamos una cita en Disneyland!", a menos que la idea de tu chico de una cita romántica sea caminar todo el día, hacer largas filas con un grupo de niños que gritan, montar en tazas de té y tomar fotografías con un grupo de adultos disfrazados. Pero fue idea mía, y como yo le gustaba mucho y sabía lo mucho que yo quería ir, aceptó feliz.

Siempre he sido una niña feliz y despreocupada de corazón, así que si me llevas a Disneyland, vuelvo a ser como una niña. Esta vez estaba especialmente emocionada, nunca se lo dije a Danny, pero en secreto esperaba que esta reunión se convirtiera en una cita real, algo un poco más que "pasar el rato". Después de una mala ruptura anterior, tenía miedo de dejar entrar a alguien en mi mundo, mi corazón, mi espacio personal. Tal vez, este lugar sería donde pudiéramos soltarnos y no poner tanta presión sobre las cosas, no es que a veces no actuáramos como niños, pero aquí definitivamente podríamos hacer el tonto y volver a ponernos en contacto con nuestros niños interiores, ¡fue perfecto mi lugar feliz! Nunca antes había traído una cita conmigo a Disneyland, así, que fue un gran problema para mí. Pasar un día entero juntos, eso podría ser algo grandioso o un completo desastre. Sin embargo, la cita comenzó un poco inestable. Planeé reunirme con una amiga y su novio allí para una cita doble, pensando que sería más divertido. No sabía si los chicos simplemente no se llevaban bien o qué, pero se puso incómodo y tenso por un minuto. Danny no era él mismo (el chico súper divertido y extrovertido que había llegado a conocer), estaba callado y parecía molesto. Me desconcertó y pensé: quizás, esto fue un error; pero lo último que quería hacer era herir los sentimientos de mi amiga y terminar la cita. Había estado esperando esto con muchas ganas, Disneylandia me trajo recuerdos felices de mi infancia. Entrar al parque Disneyland para mí fue un mundo completamente nuevo, sin juego de palabras. Siempre me ha sorprendido la atención a detalle, el arte, las luces, los colores, las historias de amor. Soy una romántica empedernida, y quería experimentar esto con Danny. La idea de que esta cita no funcionara estaba rompiendo mi corazoncito amante de los cuentos de hadas. Casi terminamos la cita, pero más tarde, nuestros amigos se terminaron yendo a casa temprano.

Fue como magia, el despreocupado, divertido y atento Danny estaba de regreso. Más tarde, supe que la cita de mi amiga no era un gran admirador de Danny (había historia allí). Este tipo había oído algún rumor sobre Danny en el pasado y lo estaba guardando en su contra, por lo que nunca le dio una oportunidad a Danny, actuó como un idiota con Danny, y él no iba a tolerarlo, bla, bla, bla.

Después de que recuperé a Danny y resolvimos toda la situación, Danny y yo caminamos por el parque el resto del día como pájaros del amor tomados de la mano, charlando y riéndonos de todo y de nada. Parecía que éramos, de hecho, "una pareja". Quizá, fue solo el escenario y las historias de amor que nos rodeaban, pero parecía estar yendo muy bien. Teníamos boletos para el Park Hopper, así que íbamos y volvíamos al California Adventure Park para las bebidas y la comida de adultos y mi atracción favorita, "Soarin' Over California", luego de regreso al parque Disneyland para "Splash Mountain", incluso montamos en la atracción It's a Small World. Sí, este hombre grande montó conmigo en los juegos infantiles y también se burló de mí todo el día por el hecho de que era pequeña y apenas cumplía con el requisito de altura para los juegos infantiles. No, no soy tan baja, mido 5' 2"; era Danny quien era alto (para mí), el media 6'.

"Llevo chancletas" -dije riendo-, "¡claro que me veo bajita a tu lado, gigante!". A Danny le encantaba burlarse de mí, y nunca he sido de los que se quedan callados. Nos hacíamos pasar un mal rato y nos reíamos como niños pequeños. Danny tenía esa forma de hacerme reír, incluso cuando las cosas no eran tan graciosas. Nos encantaba observar a la gente e inventar historias de lo que pensábamos que hablaba la gente desde la distancia. Siempre era algo estúpido y cursi. El silencio siempre dependía de los gestos y expresiones faciales de las parejas, me pregunto si alguien hizo eso con nosotros.

Disneyland fue un éxito, por decir lo menos, el largo día nos dio la oportunidad de conocernos más. La espera en filas durante horas y pequeñas molestias nos permitieron vislumbrar nuestros niveles de paciencia. En general, nos lo pasamos muy bien. De camino a casa, nos detuvimos para comer tacos en un pequeño restaurante cerca de nuestra casa. Él, amó los tacos: este era mi tipo de chico, realmente estaba empezando a gustarme este personaje de Danny. Si me hubieras preguntado unas semanas antes si esto era lo que yo quería, no sabría ni que estaría haciendo con este tipo, así que la respuesta hubiera sido ¡de ninguna manera! Danny quería una relación; yo no estaba allí todavía.

Cuando Danny y yo nos conocimos hace unos meses, no fue amor a primera vista, no era un chico conoce a chica, el chico invita a salir a chica, chica dice que sí, y luego Faby y Danny *felices para siempre.*

Conocí a Danny mientras trabajaba en un restaurante en South Bay, un restaurante mexicano pequeño y muy popular: Leo's Mexican food; originalmente propiedad de una familia desde 1948. El lugar era un restaurante estilo hacienda súper lindo con colores brillantes pintados. Tenía tres habitaciones grandes con arcos bellamente pintados a mano y estaba decorada en auténtica decoración mexicana traída desde

México. Mi parte favorita del lugar era el patio exterior que tenía una hermosa fuente de estilo español en el medio del patio. Era un lugar muy pintoresco y orientado a la familia, era muy agradable trabajar para los propietarios e hice algunos amigos increíbles entre mis clientes y compañeros de trabajo. El horario era muy flexible, lo que absolutamente necesitaba. Estuve trabajando allí durante algunos años mientras también servía de barman en un hotel en Manhattan Beach, CA., y asistía a la escuela. Mi vida como una joven de veinticuatro años estaba muy ocupada en ese momento. Sin que yo lo supiera, Danny había estado yendo a este restaurante desde sus años de escuela secundaria, y ahora tenía veintiocho años, ¡así que durante 10 años! Nunca me había fijado en él, ni siquiera sabía quién era, hasta que un martes por la noche, lo recuerdo claramente porque estaba cubriendo a una compañera de trabajo, este tipo con muletas y una rodillera que estaba cenando con otro tipo comenzó a hablarme desde el otro lado de la habitación. Les estaba sirviendo, pero honestamente no presté atención a quién estaba sirviendo. Era tarde, estaba cansada y me estaba preparando para cerrar el restaurante. Estaba sentada en una de las mesas doblando servilletas cuando escuché:

- Oye, ¿cómo va tu noche? ¿Noche ocupada?

- Um, va bien. No estoy muy ocupada, los martes por la noche son bastante lentos.

- Has trabajado aquí por un tiempo, ¿eh?

- Sí.

- Me doy cuenta de tus bonitos rizos todo el tiempo.

- Um, gracias.

- Entonces, ¿qué haces cuando no estás trabajando?

Dios mío, ¿puede este tipo dejar de hacer tantas preguntas?

- Tengo otro trabajo y voy a la escuela.

- Wow, bastante ocupada, entonces no hay tiempo para un novio, ¿eh?...

- Um, no, no hay tiempo para un novio. ¿Puedo traerles algo?

- No, todo fue genial, ¡gracias! - se levantaron y caminaron hacia la caja registradora para pagar su cuenta-.

- Gracias, que tengas una gran noche. Eso era mi despedida estándar.

- Hasta pronto -dijo con una sonrisa brillante-. Noté que tenía un espacio entre sus dos dientes frontales.

- Hasta pronto -dije mientras salían por la puerta-. Luego cerré el restaurante por la noche y me dirigí a casa. Para mí, había sido una noche normal.

Pasaron un par de semanas, hasta que una noche en el trabajo una de mis compañeras en el restaurante me dijo: "Hay un tipo que me sigue preguntando por ti. Ha estado aquí los últimos dos martes, pero le he dicho que no trabajas los martes. ¿Un chico? ¿Qué Chico? Ella habló y habló sobre él, pero no tenía idea de qué tipo estaba hablando, así que seguimos con nuestro día; y unos días más tarde, este mismo tipo hablador volvió a entrar. Trató de hacer una pequeña charla al principio, pero me di cuenta de que no era el mismo tipo de charla trivial. Dijo lo que pensaba, se zambulló y preguntó qué quería preguntar y dijo lo que quería decir. Era muy directo y era refrescante, también me di cuenta de que era bastante divertido. Pronto, teníamos conversaciones aleatorias y lo veía en el restaurante cada vez más a menudo. Una noche entró con sus padres, los había notado antes, simplemente nunca me imaginé que él era su hijo. Era un viernes por la noche, una noche muy concurrida para el restaurante, por lo que tuve muy poco tiempo para charlar como a él le gustaba hacer normalmente. Cenaron, trató de hablar conmigo y fui cordial, estaba con sus padres y fue incómodo. No les estaba sirviendo, así que no me sentí presionada a hablar. Al salir, lo noté caminando hacia mí mientras sus padres salían por la puerta. ¿Qué está haciendo este tipo? ¿Por qué camina hacia mí? Me quedé estupefacta, tratando de averiguar qué estaba haciendo con cada paso asistido por muletas en mi camino. No pude correr a la siguiente habitación. Miré a mi izquierda y a mi derecha con la esperanza de que quisiera hablar con alguien más, pero todavía se dirigía hacia mí. Él también tenía una rodillera, por lo que tomó algo de tiempo, pero finalmente me alcanzó.

- Oye, cuando esté menos lisiado, ¿te gustaría salir conmigo? -preguntó-.

No pude evitar reírme. ¡¿De verdad acaba de decir eso?!

- ¿Puedo tener tu número?

- Lo siento, no salgo con gente del trabajo -le dije-. Y no doy mi número, pero por qué no me das el tuyo y te llamo. Me sentí mal por no darle mi número; él había ido con muletas todo este camino hacia mí, y todos estaban mirando.

- Está bien, dijo. Anotó su número y me lo entregó.

- Está bien, dije. Y lo vi alejarse con sus muletas.

No pude evitar reír nerviosamente. Pobre hombre, pensé... anduvo con muletas todo este camino y ahora tenía que volver a salir con muletas para encontrarse con sus padres. Quería ayudarlo, pero ¿qué podía hacer para ayudarlo? ¿Por qué me invitaría a salir con sus padres esperándolo afuera? Es valiente.

Las chicas del trabajo rápidamente quisieron saber el chisme. "¿Qué dijo? ¿Te invitó a salir? ¿Vas a llamarlo?"

"No salgo con gente del trabajo" -les dije-; "y además, no estoy saliendo con nadie en este momento. No tengo tiempo para eso.

Tardé cinco semanas en llamarlo. Un día, estaba caminando hacia el trabajo y apareció en mi cabeza: ¿cómo estará ese tipo? - pensé-. Entonces, tomé mi teléfono y le envié un mensaje: Hola, soy Faby, de Leo's. ¿Cómo está tu pierna?

A esto respondió: ¡Guau! Realmente esperaste hasta que estuviera menos lisiado.

Estoy fuera de la ciudad en este momento en Lake Nacimiento con algunos amigos, ¡déjame llamarte tan pronto como regrese!

Ok -respondí-, y eso fue todo. Entré al trabajo y seguí con mi día, unos días después, recibí una llamada: "Hola, soy Danny, el lisiado", y ambos nos reímos.

Me hizo pasar un mal rato por un tiempo porque me tomó tanto tiempo llamarlo. "Cinco semanas, ¿realmente te tomó cinco semanas?" ¡Y nunca lo dejó pasar! Me dijo que había parecido un idiota a ojos de sus padres y con los amigos, con los que se jactó de mí, había estado tan seguro de que lo llamaría de inmediato. Le preguntaban todos los días si había llamado, y cuando su respuesta era un no, se burlaban de él.

- ¿Como estuvo tu viaje? -pregunté-.

- Fue genial. No esperó mucho antes de preguntar directamente: "¿Qué tal una cita?" Esto era lo que tanto temía. No estaba lista para salir. Mis días estaban ocupados y, sinceramente, no tenía tiempo entre mis dos trabajos y la escuela.

- ¿Qué tal si nos conocemos como amigos y simplemente pasamos el rato? —respondí-.

- Podemos empezar por ahí -dijo con una sonrisa en su rostro, me di cuenta por el tono de su voz-.

"Mami", Emma interrumpió mis pensamientos, "estamos acelerando, ¿puedes tomar mi mano por favor?". "El avión está listo para despegar, mi amor", le dije mientras tomaba su mano. "¿Tienes miedo?"

"No, no tengo miedo; ¡esto es emocionante!" .No podía creer que aquí es donde estábamos en ese momento: en un avión, listas para hacer realidad los sueños mágicos de Emma. Este fue nuestro primer viaje a Disney World, tanto para Emma como para mí; nunca había ido. En realidad, este fue nuestro primer viaje juntas a algún lugar, Emma acababa de cumplir cuatro años y este viaje era mi regalo para ella. Ambas realmente necesitábamos la escapada, los últimos siete meses habían sido increíblemente duros, los más duros de mi vida. Necesitaba una distracción y Emma necesitaba algo de alegría en su mundo, necesitaba y quería pensar en otra cosa por un tiempo. No sabía qué, pero este viaje fue el escape perfecto. Perfecto, excepto por lo que ambas más deseábamos: que papá hubiera podido unirse a nosotros.

- Mami -dijo Emma-, "¿dónde está la foto de papá? ¿La tienes?"

- Claro mi amorcito, claro que la tengo -respondí-.

- ¿Puedo sostenerla?, quiero que papá esté conmigo todo el tiempo.

Disney World fue increíble, tan mágico como jamás había imaginado, excepto por el clima loco de Florida al que no estábamos acostumbradas. Hacía calor y humedad, agradable y soleado en un momento, luego llovía a cántaros al siguiente. Eso es Florida para todos. Planeamos este viaje de una semana a Disney World con Chris y Jenny Hansen, su hija Lili, que tiene la misma edad que Emma y la mamá de Jenny. Todos nos quedamos en el Disney's Art of Animation Resort, ellos en una habitación con el tema del Rey León, y Emma y yo en una de La Sirenita, perfecta para mi sirenita. Los Hansen eran amantes de Disney, bastante expertos por cierto. Menos mal que fueron nuestros guías, definitivamente hicieron que este viaje fuera tan maravilloso como podría haber sido. ¡Las niñas estaban más que emocionadas!

Pudimos ver mucho en el lapso de una semana. Exploramos Magic Kingdom dos veces, lo que nos dio suficiente tiempo para que las niñas conocieran a sus princesas favoritas y a Minnie y Mickey, y montaran todos los juegos geniales. Emma incluso montó su primera montaña rusa; no era una gran fan, sin embargo, nos lo pasamos de maravilla. En la lista también estaba Disney's Animal Kingdom, donde pudimos experimentar un increíble espectáculo del Rey León; fue el espectáculo más increíble que jamás había visto. La música y las actuaciones fueron muy conmovedoras. El parque tenía todos los animales: jirafas, rinocerontes, elefantes, suricatas, gorilas y por supuesto, ¡también todos los personajes de safari de Disney! fue maravilloso. Por último, pero no menos importante, exploramos el parque de diversiones Epcot, que fue mágico. Visitamos diferentes lugares del mundo, incluidos Marruecos, China, México, Alemania y París, y experimentamos la comida, las tradiciones y la estética. sus pasaportes de Epcot sellados en todos los países. Este fue el lugar donde la idea de mostrarle a Emmy el mundo podría haber comenzado. ¡Fue mágico!

Siempre estaré agradecida con los Hansens por la amistad, el apoyo y el amor que nos mostraron a Emma y a mí. Ese viaje no hubiera sido lo mismo sin ellos. Verlos sostener, cargar y amar a Emma como lo hicieron con su propia hija llenó mi corazón;

fue más de lo que podría haber pedido. Nos faltaba una gran parte de nosotros, y su generosidad y su corazón amable nos ayudaron a superar tantos momentos difíciles. ¡Este fue, de hecho, un viaje mágico!

Dulce Espera

*Justo cuando nos dimos por vencidos,
el universo tenía un plan diferente para nosotros*

Llevábamos casados dos años cuando Danny y yo decidimos que estábamos listos para formar una familia. Nuestras prioridades estaban en orden y nuestra vida matrimonial, aunque no perfecta, iba muy bien. Yo amaba a este hombre y él, me amaba. Los niños se sintieron como la próxima gran cosa, un paso natural en nuestra relación. "¿Estamos seguros?" –nos preguntábamos al azar-. "¡Hagámoslo!", siempre fue la respuesta final. Había imaginado al azar la posibilidad de esto, pero ahora, estábamos haciendo que sucediera, nos sentimos listos para convertirnos en padres. Yo tenía veintisiete años y Danny treinta y uno, estábamos perfectamente sanos y ansiosos por formar una familia. La vida parecía estar a nuestro favor, todo parecía perfecto. Un par de meses más tarde, estábamos llevando a algunos amigos a casa cuando olí una paleta que me dio náuseas. ¡Sí, una maldita paleta! El olor era tan intenso, diferente a todo lo que había experimentado antes. "¿Quién está comiendo dulces ahí atrás?" –pregunté con disgusto en mi rostro-. "¿Puedes tirarlo por favor?", miré a Danny de reojo mientras conducía.

¡Creo que voy a vomitar! Rápidamente dejamos a nuestros amigos en su casa y nos dirigimos a casa. "Creo que estoy embarazada" –le dije a Danny-. "Eso no era normal, ¿cómo podría enfermarme con una paleta de hielo?"

- No nos adelantemos –respondió-.

- Conozco mi cuerpo, ¡y eso no era normal!

Esa misma noche corrimos a CVS para hacernos una prueba de embarazo casera.

-¿Cuál nos hacemos? –preguntó Danny-.

- Este dice seis días antes; consigue la caja con tres, ¡solo para asegurarnos! –respondí-.

Una vez en casa, corrí al baño y oriné sobre la prueba. Dejé la prueba con cuidado en el mostrador del baño y me senté en el inodoro. Resultados en tres minutos, decía la caja. ¡Esos fueron los tres minutos más largos de mi vida! Danny me estaba esperando pacientemente en la otra habitación, cuando abrí la puerta del baño con lágrimas en los ojos. "Entonces, ¿lo estamos o no?", asentí y corrí hacia él. Lo abracé tan fuerte como pude y lloré en su pecho.

–¡Estamos embarazados!

Al día siguiente, hice una cita con mi obstetra y ginecólogo para confirmar que realmente estaba embarazada, a pesar de que mi cuerpo me había estado gritando para confirmar que lo estaba. Mis senos estaban sensibles, había perdido mi periodo y este sentido del olfato aumentado era increíblemente molesto. Después de un análisis de sangre, se confirmó: ¡teníamos ocho semanas de embarazo! "Voy a programar una ecografía en un par de semanas" -nos dijo mi médico-, y salimos de su consultorio en un sueño. Dos semanas después regresamos al consultorio de mi médico, ansiosos por finalmente poder ver y escuchar el latido del corazón de nuestro bebé, Danny tomó mi mano cuando el doctor puso un poco de gel en mi vientre y procedía con la varita de ultrasonido. "Hmmm…" -dijo y frunció el ceño-, "déjame probar una ecografía vaginal". A veces, les resulta difícil darse cuenta de seres tan diminutos. Se procedió con la ecografía vaginal. "¿Todo está bien?" -le preguntamos mientras buscaba un latido-. El médico nos miró con tristeza en los ojos: "lo siento mucho, no hay latidos".

Danny y yo nos miramos, confundidos. "¿Qué quiere decir con que no hay latido del corazón?"

"Lo siento mucho; desafortunadamente, has sufrido un aborto espontáneo."

– ¿Pero cómo? ¿Hice algo mal?

El médico explicó: "puede ser muy común en las primeras doce semanas de embarazo experimentar un aborto espontáneo; a menudo, ocurre porque el feto no se está desarrollando normalmente". Les daré a ambos un minuto.

Estaba en estado de shock y las lágrimas brotaron rápidamente de mis ojos. "¿Cómo puede estar pasando esto? ¿Por qué? ¡¿Por qué nosotros?!"

Unos días después, estaba en un quirófano haciéndome un

D&C (dilatación y legrado). Lloré todo el camino hasta allí y todo el camino a casa, Danny no sabía qué decir o hacer para hacerme sentir mejor. Se esforzó tanto por cuidarme en mi estado frágil, emocional y físicamente.

- ¿Tal vez a su debido tiempo podamos intentarlo de nuevo? Había esperanza en su voz, pero yo no estaba segura de querer volver a intentarlo. Todo duele.

- ¡No sé si quiero hacernos pasar por esto otra vez! —dije-.

Mi cuerpo tardó unas semanas en recuperarse y sanar, pero ¿mi corazón?... esa, fue otra historia. No podía entender por qué nos había pasado esto, pero después de mucho dolor y procesamiento, Danny y yo decidimos intentarlo de nuevo. La próxima vez que estuviéramos embarazados, procederíamos con precaución. Teníamos miedo, a diferencia de la primera vez; y al igual que la primera vez, quedamos embarazados bastante rápido. Mi cuerpo simplemente lo sabía. "Creo que estoy embarazada de nuevo, puedo sentirlo" -le dije a Danny-. Llamé a mi médico con mis sospechas y me pidió que fuera a una cita, una prueba en el consultorio confirmó que sí, que de hecho estaba embarazada de nuevo. Estábamos emocionados, pero increíblemente temerosos. Mi mente estaba dando vueltas.

¿Y si pasa de nuevo? ¿Qué pasa si pierdo a este bebé también? ¿Y si...? Mis pensamientos fueron interrumpidos por mi médico.

"El riesgo de tener un segundo aborto espontáneo es bajo, pero te vigilaremos bien; todo estará bien" -nos aseguró-.

Éramos cautelosamente optimistas y decidimos que nos guardaríamos nuestro embarazo hasta que fuera seguro. Tratamos de no hacer demasiados planes, pero era difícil no hacerlo. Compré todos los libros What to Expect When You're Expecting para Danny y para mí, estudié todas las etapas de gestación y los hitos del desarrollo. La emoción comenzaba a apoderarse de mí, y justo cuando pensábamos que las cosas iban a estar bien, sentí estos intensos dolores agudos en el área pélvica y comencé a sangrar. Lo supe al instante: estaba teniendo un aborto espontáneo. Estaba sola en casa, Danny estaba en el trabajo. Lloré sola en el baño hasta que no me quedaron más lágrimas, llamé a mi médico y me informó que naturalmente estaba pasando el feto. *¿El feto? ¿Te refieres a mi bebé?* Llamé a Danny y le di la noticia, estábamos devastados. *¿Cómo nos estaba pasando esto otra vez? ¿Por qué no podía tener un bebé? Obviamente podría quedar embarazada, pero, ¿por qué seguía perdiendo a mis bebés?*

Mi médico decidió que era hora de averiguar qué estaba pasando y realizó algunos procedimientos, los procedimientos más dolorosos que jamás había soportado. Resultó que mi cuerpo no producía suficiente progesterona para mantener un embarazo, la hormona progesterona se secreta durante los primeros meses de embarazo y prepara el útero para albergar al bebé. Hace que comience la fase lútea y transforma el endometrio (revestimiento uterino) engrosándolo para recibir un embrión. Mi cuerpo nunca llegó a la fase de engrosamiento, por lo tanto, una vez que el embrión llegó a una cierta gestación, mi cuerpo lo soltó. Bien, ahora que sabíamos lo que me pasaba, *¿podríamos arreglarlo? ¿La tercera es la vencida?* Pero, *¿realmente queríamos pasar por eso otra vez?* Por mucho que pensaba en no hacerlo, igual lo hice, quería formar una familia, quería lo que todos los que me rodeaban habían logrado tan fácilmente. Las personas que ni siquiera querían tener hijos tenían hijos. Vacilantes, Danny y yo decidimos que lo intentaríamos por última vez, me recetaron medicamentos y tenía la esperanza de cuando volviera a quedar embarazada, sería el verdadero esta vez.

Volvimos a quedar embarazados, pero al igual que las dos veces anteriores, sufrí otro aborto espontáneo. *¿Qué le estaba pasando a mi cuerpo? ¿Estoy condenada a nunca tener hijos?* Esta situación de querer tanto tener un bebé y de perderlos, me comenzaba a afectar a mí, a mi cuerpo y a nuestro matrimonio. No podríamos volver a intentarlo, Danny y yo decidimos que nos tomaríamos un descanso de intentar embarazarnos; había sido demasiado. No podíamos soportar más dolor. Pero justo cuando nos dimos por vencidos, el universo tenía un plan diferente para nosotros, y sin siquiera intentarlo, quedamos embarazados. El día que entramos para nuestra primera ecografía, descubrimos que estábamos embarazados de gemelos. *¡MELLIZOS! ¡¿Pero cómo?!* Aparentemente, había quedado embarazada de un solo óvulo y unos días después, otro óvulo cayó y también fue fertilizado. Esto se llama superfetación, y las posibilidades de que esto suceda son extremadamente raras, pero por supuesto que me pasó a mí. Me quedé embarazada cuando ya estaba embarazada. ¿Mellizos? Ese día salimos del consultorio de mi médico en estado de shock. ¡Necesitamos una casa más grande!

Sentimos que esta era la forma en que el universo nos recompensaba por todo el dolor que habíamos soportado. ¡Dos bebés! Por mucho que hubiésemos querido, no habíamos podido guardarnos la noticia para nosotros mismos, le dijimos con entusiasmo a nuestras familias y amigos más cercanos. ¡Gemelos! Estábamos sobre la luna pero también inmensamente asustados. ¿Qué pasaría si algo sucediera? ¿Era esto demasiado bueno para ser verdad? Mi embarazo fue considerado de alto riesgo, no solo por tener mellizos sino por mis antecedentes. Me pusieron rápidamente progesterona y tenía citas semanales para ver a mi médico, todo se veía bien. *¿Qué pasa si son dos chicas? ¿O dos chicos? ¿O una niña y un niño?...* Danny y yo escogimos nombres para todos y cada uno de estos escenarios.

En nuestra cita de ultrasonido de catorce semanas, estábamos ansiosos por saber los sexos de nuestros bebés, pero lo peor que podría haber pasado, pasó. Nuestros peores temores se estaban haciendo realidad. Mientras buscaba los latidos del corazón de nuestros dos bebés, mi médico solo pudo escuchar uno y no pudo encontrar el segundo:

– "Lo siento mucho, no puedo encontrar los latidos del corazón del bebé B".

– "Por favor, sigue buscando; ¡tienes que seguir buscando, tal vez se esté escondiendo!" -había miedo en mi voz-.

– "Lo siento mucho" -dijo el médico-. "Sé que ya han pasado por mucho. Esto puede suceder a veces en embarazos múltiples. Esto se conoce como síndrome del gemelo desaparecido".

– ¿Desapareciendo qué?

– "Usted ha experimentado un tipo de aborto espontáneo, generalmente debido a una anomalía cromosómica". *¿Qué* *pasa ahora? ¿Qué le sucede al bebé? ¿Qué le pasa a mi otro bebé? ¿Qué me está pasando?* El gemelo que desaparece generalmente se reabsorbe en la placenta y en el gemelo sobreviviente. "Continuaremos controlándola más de cerca y llevaremos a este bebé a término. Les daré unos minutos." Cuando el doctor salió de la oficina, me perdí por completo. Estaba acostada en una estúpida mesa de examen, desnuda, expuesta y ahora sin bebé. Danny me abrazó con fuerza y trató de consolarme, pero yo estaba inconsolable. Todo lo que quería hacer era salir de allí. Todavía tenemos un bebé que cuidar, mi amor" -seguía diciendo Danny-. *¡¿Pero cómo podría pensar en este bebé cuando acababa de perder a mi otro bebé?!* Me sentí rota y confundida, la pena se apoderó de mí, me senté en silencio todo el camino a casa y lloré hasta dormirme durante días. *¿Qué está mal conmigo? ¿Por qué mi cuerpo me traiciona?*

No hace falta decir que mi embarazo corría un riesgo increíblemente alto. Después de algunas visitas a la sala de emergencias, mi médico decidió que probablemente era mejor que dejara de trabajar y me puso en reposo absoluto. Estaba viendo a mi obstetra-ginecólogo y en perinatología semanalmente solo para asegurarme de que todo iba bien con el bebé que estaba esperando. Aproximadamente a las veinte semanas de gestación, descubrimos que el bebé que aún llevaba estaba teniendo complicaciones con el oxígeno en la sangre al corazón. También, parecía mucho más pequeño de lo normal para su etapa de gestación. En nuestra cita de veintidós semanas, descubrimos que nuestro bebé tenía RCIU (restricción del crecimiento intrauterino) grave y que había dejado de crecer. En ese momento, el perinatólogo se preocupó y nos habló del parto prematuro. "Esperemos que podamos superar la marca de las veintiocho semanas. Las posibilidades de supervivencia después de veintiocho semanas son mucho mayores. *¡¿Esperar?!* El especialista nos aconsejó tomarnos un tiempo de descanso, relajarnos y despejarnos durante unos días. "Esto será bueno para su salud mental" –dijo-. "Los veré de regreso en una semana". Dejamos esa cita en lágrimas una vez más. *¿Estaba destinada a nunca ser madre? ¿Iba a poder llevar este bebé a término?*

Danny decidió seguir el consejo del especialista y nos reservó un viaje rápido a San Francisco durante cuatro días para relajarnos, despejarnos y pasar tiempo de calidad juntos. Esto sonaba bien, no podía recordar la última vez que hicimos un viaje juntos. Nuestro año había estado lleno de tanta pérdida y dolor. Nuestro viaje a San Francisco fue justo lo que nuestros corazones necesitaban, pasamos cuatro hermosos días vagando por las calles de San Francisco: *Dulce Espera* –como yo lo llamo–, fue maravilloso.

Tiempo

Muchas veces pensamos que tenemos todo el tiempo del mundo,
poco sabemos que a veces, no es así

Mayo 3, 2012
11:00 a.m.

Llegamos al edificio médico de obstetricia y ginecología en
Redondo Beach. Tomamos el atajo y apenas llegamos a tiempo,
nunca pude recordar si era la suite 203 o la 302; uno pensaría
que ya lo habría sabido. Le eché la culpa al embarazo y al
cerebro del embarazo: existe esta cosa; lo busqué. Rápidamente
fui a revisar la pizarra al lado del ascensor para confirmar: 203.
No solo tenía un problema con el tiempo, sino que ni siquiera
podía recordar a dónde iba. Danny solía irritarse mucho cuando
llegábamos tarde. "Lo logramos, ¿no?" -puso los ojos en blanco-.
El ingeniero en él siempre tenía un horario apretado y el
espíritu libre en mí podría estar demasiado relajado a veces.

Entramos y nos registramos. La recepcionista me entregó
el recipiente para orinar y me dirigí al baño para la muestra
rutinaria. Regresé, me senté junto a Danny y esperamos. El Dr.
Wu siempre tenía una película para niños en la oficina, así que la
mirábamos para pasar el tiempo; minutos después, nos llamaron.
Pude ver a la esposa del Dr. Wu en su oficina, ella también se fijó
en mí y se acercó a saludarme. Ella fue muy amable y habladora
conmigo, me preguntó cómo estaba y yo le pregunté por sus
hijos. "Vaya, se están haciendo tan grandes" -dije-. "No estoy lista
para que se vayan a la universidad"-respondió ella-. *¿Universidad?*
-pensé para mis adentros-. *¿Podré algún día ver a este peanut dentro*
de mí ir a la universidad? La enfermera me sentó, tomó mis signos
vitales y nos acompañó a la sala de examen #1. Me gusta la
sala 1, tiene lindas fotos de bebés en las paredes. Una vez que
estuvimos en la sala de examen, entró el Dr. Wu y parecía un
poco más serio de lo normal, pero no le di importancia. Me
preguntó cómo me sentía y le respondí que bien. No peor que
la última vez, pero tampoco mejor, estaba aburrida de estar
en reposo en cama. Hizo un examen rápido, más rápido de lo

normal y luego nos dijo a Danny ya mí que fuéramos al Hospital Little Company of Mary en Torrance para un análisis de sangre. Estaba confundida, *¿por qué Little Company?, ¿no era aquí donde nacería mi bebé?* "Está cerca" -dijo-. "No importa lo que hagas, no te vayas a casa, ve directamente al hospital desde aquí, ¿de acuerdo?" Como buenos pequeños oyentes, seguimos las órdenes del Dr. Wu y nos dirigimos al hospital, que estaba a solo unos minutos de distancia. Estábamos hambrientos y empezábamos a tener hambre, así que en el camino comenzamos a planear dónde iríamos a almorzar después de la sangre.

Planeamos:

- ¿Qué tal nuestro lugar favorito de sushi?

- Trato hecho, estoy segura de que Peter (nuestro chef de sushi) estará feliz de vernos y puede prepararme algunos de sus increíbles panecillos para embarazadas.

12:00 p.m.

Llegamos al hospital y nos dirigimos al tercer piso: trabajo de parto y parto. Esto debería ser rápido, nos dijimos, sin pensar mucho en ello. Llegamos a la recepción y le dije a la enfermera a cargo: "Hola, estamos aquí para un análisis de sangre. El Dr. Wu dijo que lo sabrías."

- Te hemos estado esperando. ¿Sabes por qué estás aquí?

- Análisis de sangre, estamos aquí para análisis de sangre.

- ¿Puedes por favor empezar a llenar estos formularios? Estás siendo ingresada.

- Debes estar equivocada. ¿Puedes volver a verificar, por favor?

Solo estamos aquí para un simple análisis de sangre.

- El Dr. Wu estará aquí pronto para explicarles.

Danny y yo nos miramos, confundidos, teníamos tantas preguntas, pero ninguna respuesta. *¿Qué sucedió? ¿Qué estaba pasando? ¿Estaba bien nuestro bebé? ¡Ni siquiera hizo un ultrasonido esta mañana!* La enfermera vino a decirnos que se estaba preparando una habitación para mí y que por favor tomara asiento mientras se arreglaban las cosas. Me disculpé para ir al baño.

Llegué al fregadero y me preparé. Lentamente miré hacia arriba para ver a la chica mirándome fijamente en el espejo, parecía cansada, perdida, confundida, asustada. "No entres en pánico, Faby" -me dije a mí misma-. "Todo estará bien. La niña tiene que estar bien. Todavía no sabes lo que está pasando; no te adelantes." Lágrimas de miedo comenzaron a rodar por mis mejillas, rápidamente las sequé, me arreglé el cabello por alguna razón y regresé para reunirme con Danny. Tomó mi mano y la apretó con fuerza.

"Va a estar bien, cariño" -dijo-. "Vas a estar bien".

Minutos después, la enfermera me entregó una bata azul y una bolsa de plástico transparente para colocar mis pertenencias. Nos acompañó a mi habitación y nos dio un poco de privacidad para que pudiera cambiarme, Danny me ayudó a ponerme ese espantoso vestido azul; me sentí extremadamente expuesta. No solo en lo obvio, puedes ver mi trasero romperse de alguna manera, sino también de una manera emocional.

"*¿Alguien puede explicarnos qué está pasando? ¿Cuándo llegará el Dr. Wu?* Estaba irritada y molesta; la enfermera trató de mantenerme calmada.

"Sé que debes estar asustada, pero por favor trata de mantener la calma" -dijo mientras me ayudaba suavemente a acostarme-. Una vez en la cama, una avalancha de enfermeras, médicos y especialistas entraron en la habitación y me conectaron todo tipo de vías intravenosas y un monitor para bebés. También me colocaron un catéter. "No puedes moverte de esta cama, ni siquiera para usar el baño." Momentos después, el Dr. Wu finalmente entró en la habitación y explicó: "Estás muy enferma, Faby. Tienes lo que se llama preeclampsia severa y síndrome HELLP". *¿Severo qué?* "Tu presión arterial es extremadamente alta y tienes un riesgo muy alto de sufrir un accidente cerebrovascular o una convulsión. Tu hígado ya está siendo dañado, y si no podemos controlar esto, tus órganos comenzarán a cerrarse y comenzará a sangrar por cada poro de su cuerpo."

- Pero no me siento enferma.
- Lo que lo hace peor. En tu caso es muy silencioso, si no

fuera por nuestra cita de rutina esta mañana, no estoy seguro de que nos hubiéramos dado cuenta de esto a tiempo. El síndrome HELLP es una complicación del embarazo que pone en peligro la vida, una forma más grave de preeclampsia y puede convertirse rápidamente en una amenaza para la vida tanto de usted como de su bebé. Sus enzimas hepáticas aumentan rápidamente, lo que significa que es grave. Si no se trata, la preeclampsia puede provocar complicaciones graves, incluso mortales, tanto para usted como para su bebé, y debemos actuar con rapidez". *¿Qué quiere decir? ¡¿Yo puedo morir?!*

El Dr. Wu continuó: "en este momento, la única forma de salvar su vida es dar a luz a su bebé por cesárea de emergencia". *Pero mi bebé todavía se está formando por dentro. ¡¿No puedes sacarla todavía?! ¡Ella no está lista! Solo tengo veintisiete semanas. ¿No podemos esperar?* La habitación daba vueltas y escuché voces apagadas entrando y saliendo. "Puedes sangrar por cada poro de su cuerpo" -Danny apretó mi mano-, "tus órganos comenzarán a apagarse; tu hígado ya está en riesgo. Tenemos que sacar a este bebé. Es la única forma de salvar tu vida." Las palabras seguían resonando en mi cabeza. Esto no nos está pasando a nosotros, no otra vez, pensé mientras el médico seguía hablando. *¡¿Acabamos de llegar para una cita de rutina?!* Luego escuché al médico decirle a Danny: "Es tu bebé o tu esposa". Escuché la voz asustada de Danny decir: "salva a mi esposa, por favor salva a mi esposa. Siempre podemos volver a intentar tener un bebé, pero no puedo perder a mi esposa". Estaba en una neblina; todo estaba pasando tan rápido. El médico me explicó que me daría una inyección de corticosteroides para ayudar con los pulmones del bebé. "Los corticosteroides pueden ayudar a que los pulmones de su bebé maduren más en tan solo cuarenta y ocho horas. Normalmente, se administran dos inyecciones de corticosteroides. La primera inyección se administra y la otra veinticuatro horas después. Es un paso importante en la preparación de un bebé prematuro para la vida fuera del útero, que sabemos que es nuestro próximo paso, excepto que no tenemos cuarenta y ocho horas" -dijo el Dr. Wu-. Supliqué y traté de detenerlos. Ella es demasiado pequeña; ella no está lista, fue todo lo que pude pensar. "Por favor, ¿podemos esperar un día más para que pueda recibir la otra inyección?" -les rogué-. "Lo siento, no podemos arriesgar tu vida tanto tiempo", respondió el médico. "Por favor, salva a mi bebé" –supliqué-. Mi voz temblaba, lágrimas corrían por mi cara, mi corazón latía tan fuerte que sentía como si estuviera tratando de salir de mi cuerpo. El miedo estaba sacando lo mejor de mí. "Haremos todo lo posible para salvarlas a ambas", escuché. Miré a Danny, que tenía lágrimas rodando por su rostro; creo que nunca lo había visto llorar así. Él estaba asustado, lo pude ver en sus ojos, me abrazó tan fuerte como pudo y quería decir algo, pero las palabras no salían. Agarré su cara entre mis manos y le dije que iba a estar bien, íbamos a estar bien. Apoyó su cabeza en mi pecho como yo siempre hacía en el suyo cuando necesitaba consuelo, y nos quedamos en silencio. "Te quiero mucho" –dijo-. "Yo también te quiero mi amor." Estaba asustada. No tanto por mí, sino por nuestro bebé, por Danny. No quería perder a mi bebé; fue un milagro que estuviera embarazada. No podíamos perder a nuestro bebé. Me recuperé y traté de ser fuerte. "Llama a nuestros padres; querrán saber qué está pasando -le dije a Danny-. Salió al pasillo para llamarlos, y una vez que estuve sola, me derrumbé por completo. Estaba entumecida, el sulfato de magnesio que me inyectaban en las venas para evitar una convulsión me estaba enfermando. *Mi cara se había inflado como un globo y me dolían los ojos; mi cuerpo estaba decayendo rápidamente. No quiero morir, no quiero que mi bebé muera. Por favor, Dios…*

Danny regresó a la habitación, se arrodilló frente a mí y esperamos. Esperamos respuestas, esperamos más pruebas, medicamentos viajando a través de mi cuerpo y temiendo lo peor. Esperé un milagro mientras el reloj estaba en marcha. El médico regresó a la habitación y nos dijo que todavía estaba decayendo. "La cirugía está programada para dentro de una hora". Miré el reloj y era la 1:00p.m. en punto. *Una hora. Tengo una hora para despedirme, pensé. ¿Dónde está todo el mundo? ¿Dónde está mi madre? Necesito despedirme de mi madre.* Momentos después, mis padres entraron, luego los padres de Danny los siguieron, parecían asustados, preocupados, pero ninguno de nosotros sabía qué decir. Recuerdo lágrimas, abrazos, amor... Era tan difícil saber qué hacer o decir.

1:45 p.m.

Ya era casi la hora, la enfermera le entregó a Danny una bata quirúrgica y le dio instrucciones sobre qué hacer. Primero me llevarían en silla de ruedas al quirófano y, una vez que estuviera preparada para la cirugía, vendrían a buscarlo para que se uniera a mí. Nuestra familia se reunió alrededor de mi cama para decir una última oración. *Una última oración. Y mi vida pasó ante mis ojos.* Me despedí entre lágrimas y me sacaron en una camilla.

2:00 p.m.

En el camino al quirófano; grandes luces brillantes pasaban rápido mientras miraba hacia arriba. Mi mente estaba corriendo, estaba aterrada. Un millón de pensamientos cruzaron por mi mente: *¡¿Saldré viva de aquí?! ¿Sobrevivirá mi bebé? ¿Es aquí donde termina mi vida? ¿Realmente me acabo de despedir de todos? ¿Qué pasa si no los vuelvo a ver? ¿Saben que los amo? Espero que sepan cuánto los amo. No quiero morir, quiero ser madre, quiero poder tener a mi hija en mis brazos. Ella me necesita. Danny me necesita. Te necesito, Danny, te necesito. ¿Qué pasa ahora?*

Escuché dos puertas enormes abrirse y luego cerrarse detrás de mí. Llegamos a la sala de operaciones donde había unos ocho médicos y enfermeras esperándome. ¿Por qué tanta gente? -pensé para mis adentros-, como si pudiera leer mi mente, una enfermera dijo: "La mitad de nosotros estamos aquí para ayudarla, y la otra mitad están aquí para su bebé.", tenemos que estar preparados para cualquier intervención médica; lo más probable es que su bebé tenga que ir a la UCIN". ¿El qué? "La Unidad de Cuidados Intensivos Neonatales. Ahí es donde van los bebés prematuros y en estado crítico para recibir tratamiento y cuidados después del nacimiento". Asentí, conteniendo las lágrimas.

Me pidieron que me sentara en una cama y me ayudaron a acostarme; debí parecer aterrorizada porque una enfermera muy amable se acercó a hablar conmigo: "Ahora procederemos con un bloqueo espinal"-dijo-. Me explicaron el procedimiento de bloqueo espinal: "El médico anestesiólogo adormecerá el área donde se administra el bloqueo espinal, puede causar una pequeña sensación de escozor o ardor, pero no debería experimentar demasiado dolor. Luego, inyectarán un anestésico local y una pequeña dosis de morfina en el líquido cefalorraquídeo para el alivio del dolor después de la cirugía". Estaría adormecida desde el nivel de la línea de los pezones hacia abajo, pero permanecería despierta durante el nacimiento de mi bebé y Danny podría estar presente. La enfermera me pasó una almohada para que la abrazara y me pidió que me quedara muy quieta. *No puedo quedarme quieta -pensé para mis adentros-,* me estaba congelando y no podía dejar de temblar. Abracé la almohada con fuerza y traté de sentarme lo más quieta posible, las lágrimas corrían por mis mejillas... No estaba segura si eran lágrimas relacionadas con el dolor físico, el dolor emocional o el miedo. Todo lo que sabía era que estaba asustada y sola. *¿Dónde está Danny? ¿Cuándo conseguirán a Danny? ¡Lo necesito aquí! Lo necesito aquí para sostener mi mano. Lo necesito aquí como apoyo. Necesito a mi persona.*

La amable enfermera trató de consolarme, trató de distraerme del dolor hablando conmigo. La habitación estaba asfixiante, podía oler el aire quieto y estéril. El yodo que usaron en mi espalda era tan fuerte que estaba empezando a darme náuseas. ¿Cómo llegamos aquí? Todo sucedió tan rápido que no tuve tiempo para procesar. Hace cuatro horas, me desperté a un día normal, y aquí estaba yo ahora. Me sentí tan vulnerable, desnuda y expuesta. Las lágrimas no paraban. *Odio llorar delante de la gente. ¿Por qué las lágrimas no se detienen? Me siento como un pez fuera del agua, no puedo recuperar el aliento. Me siento tan pequeña y asustada. Esto no es en absoluto como esperaba que me convirtiera en madre, no es así como se suponía que iba a ser esto. Los cuentos de hadas nunca mencionan esta parte. ¿Por qué me está pasando esto? ¿Por qué yo? Hay millones de mujeres que ni siquiera quieren a sus bebés; y nosotros, que hemos anhelado con todas nuestras fuerzas un bebé, ¡¿ni siquiera podemos traer uno a término?! ¿Por qué mi cuerpo me falla? La única cosa para la que mi cuerpo fue diseñado como mujer, mi cuerpo ni siquiera puede hacerla. ¿Por qué mi cuerpo me traiciona? ¿Por qué?* "El procedimiento salió bien, buen trabajo mamá", me sacaron de mis pensamientos. "Ahora, te prepararemos para la cirugía e iremos a buscar a Danny por ti". *Finalmente, ¡Gracias!* Me acostaron en la mesa de operaciones y el anestesiólogo se sentó a mi lado: "Estoy aquí para ti, para que estés cómoda, entonces me dices lo que necesitas, ¿de acuerdo?" -sonaba tan amable y gentil-. *Necesito a Danny, quise decir, necesito que mi bebé esté bien y necesito salir de aquí con vida, pero solo asentí.* Danny finalmente entró, parecía uno de los enfermeros con la bata blanca de hospital y la cabeza cubierta. Inspeccionó la habitación y miró asombrado y asustado al mismo tiempo. Una enfermera lo llamó y le entregó un taburete para que se sentara a mi lado.

- "Hola nena", luego me besó en la frente y tomó mi mano.
- "Comenzaremos", anunció el Dr. Wu.

Entré en pánico, no estaba bien posicionada, no estaba cómoda. Quería decirle a alguien que no me sentía cómoda, pero no me atreví a hacerlo. *No puedo sentir mis piernas, no puedo sentir mis piernas. Tenía muchas ganas de mover la pierna; estaba fuera de lugar y estaba yo incómoda. ¿Alguien puede ajustar mi pierna?* Había una cortina que me cubría de la cintura para abajo, así que no pudimos ver cuando me cortaron. Aunque estaba adormecido, pude sentirlos comenzar, mi cuerpo se movía sobre la mesa. Miré a Danny y parecía perdido, como si no supiera qué hacer, qué pensar o decir. Traté de distraerlo, entonces, recordé que tenía mi cámara (siempre llevaba una cámara a todas partes, "por si acaso"). Danny se enfadaba mucho con que yo tomara fotos todo el tiempo, pero "uno nunca se sabe", "necesito capturar estos momentos" -yo le decía-. Danny estaba asombrado por lo que estaba sucediendo, mirando a su alrededor, diseccionándolo todo con su cerebro de ingeniero, pero capté su atención. Le pedí que sacara la cámara para tomar fotos; y así lo hizo, se centró en eso; trató de ponerse de pie para tomar una foto detrás de la cortina, pero la enfermera lo sentó. Todavía se las arregló para tomar una foto retorcida mostrando mis entrañas. Me alegré de que tomara esa foto; ahora tengo evidencia espantosa de este momento en el tiempo. Escuché al Dr. Wu decir: "ella viene de nalgas", y un cirujano asistente se unió a él. Mi cuerpo estaba siendo sacudido sobre la mesa; a ambos cirujanos les estaba costando mucho entrar allí, a mi hija. Intentaban no estresar su pequeño y frágil cuerpecito más de lo necesario porque podría no sobrevivir. Tuvieron que tener mucho cuidado al sacarla, por lo que la cesárea fue más invasiva de lo que habían planeado. Un clásico (segmento superior, vertical, raro hecho hasta hoy en día), se realizó la incisión de mi cuello uterino mientras que la incisión de mi útero se realizó de la forma clásica del bikini (horizontal). *¡Hablemos sobre el dolor que sufriré si sobrevivo a esto!*

Mi mente iba demasiado rápido, el miedo se intensificaba. No pude concentrarme, y realmente quería ajustar mi pierna. *¿Podría alguien por favor ajustar mi pierna?* ¿Por qué estaba tan obsesionada con mi pierna? Es mejor pensar en eso que en cualquier otra cosa que suceda en la habitación, mi pierna pesaba como mil libras. *¿Por qué mi cuerpo se mueve tanto? ¿Están listos? ¿Está bien mi hija? ¿Por qué esto se está demorando tanto? En las películas nunca se tarda tanto. ¿Está ella respirando? Mi pierna, ¿alguien puede por favor ajustar mi pierna? Creo que estoy teniendo un ataque de ansiedad.* Empecé a entrar en pánico, miré a mi izquierda a Danny y lo escuché decir: "¡viene una niña!". Miré a mi derecha al anestesiólogo y notó miedo en mis ojos.

– "¿Estás bien? ¿Qué sientes?

– "No puedo sentir mis piernas. No puedo respirar."

Rápidamente colocó una máscara de oxígeno sobre mi cara y me pidió que intentara respirar. Danny me miró, confundido. "¿Qué está pasando con mi esposa?" -preguntó-. Sonaba asustado. *¿Era posible estar más asustado?* Danny no sabía si mirar la mitad superior de mí en pánico o la mitad inferior de mí que estaba siendo abierta y lista para mostrar una prueba de vida. Le pedí que mirara a la niña, yo todavía no podía respirar con facilidad. Volví a mirar al anestesiólogo, el pánico en mis ojos, más pánico. *No creo que pueda hacer esto, no puedo respirar. ¿Estoy muriendo?* "¡Ella está aquí, una hermosa niña!" -escuché a alguien decir, y luego todo se volvió negro-. El anestesiólogo tomó la decisión ejecutiva de ponerme a dormir.

3:16 p.m.
Nació un milagro.
Emma Isabella Ryan. 500 gramos (una libra, dos onzas)
y 10 ¾ pulgadas.

Mi Milagro

Y con suerte pronto podré ver mi pequeño milagro.
La personita que quiero ver con toda mi alma.

Horas después de que me sacaron de la sala de operaciones, me desperté en la misma sala de trabajo de parto de la que me habían sacado antes. Estaba atontada, confundida, fuera de todo. Los medicamentos que estaba tomando me hicieron sentir horrible y mal del estómago. El magnesio que todavía goteaba por mis venas me hizo tan increíblemente hinchada que sentí que mi piel se iba a desgarrar por la presión. La morfina me dejó confundida, soñolienta y con náuseas como el infierno; me sentí desorientada y perdida, pero sabía que había tenido un bebé. Escuché a Danny decir: "Ella está aquí", antes de que me durmieran.

Quería ver a mi bebé. *¿Está bien mi bebe? ¿Ella vivió? ¿Dónde está ella? ¿Dónde está Danny? ¿Dónde estoy? ¿Cuánto tiempo he estado inconsciente? ¿Por qué estoy tan fuera de sí?* Yo estaba dentro y fuera de la conciencia, en un momento, recuerdo haber visto a mi cuñada junto a mi cama cuando volví en mí. Me estaba hablando, pero no podía escuchar bien lo que decía, todo estaba confuso, sólo podía ver sus labios moviéndose; mis ojos se llenaron de lágrimas. Quería a mi bebé. *Solo quiero ver a mi bebé, necesito saber que ella está bien.* Mi cuñada estaba sosteniendo mi mano cuando de repente tuve ganas de vomitar, miré alrededor de la habitación y había un montón de gente allí, gente que no había visto en mucho tiempo, personas que no habían estado involucradas en mi embarazo en absoluto. Lo que pasa con las familias mexicanas es que, cuando pasa una mierda, aparecen todos, incluso si no los has visto en mucho tiempo. "Tengo que vomitar", le dije a mi cuñada. Me arrastré a un lado de la cama para no vomitarme encima, y mi cuñada agarró un pequeño contenedor rosa de vomitar del hospital y lo puso cerca de mí, no pude aguantar más y comencé a vomitar incontrolablemente; luego, escuché que una enfermera entraba. La enfermera sonaba irritada y preocupada, inmediatamente les pidió a todos que salieran de la habitación y corrió a ayudarme. Mi cuñada se despidió de mí y mientras lo hacía le pedí que fuera a ver a mi bebé. Escuché que dejaron entrar a mis padres para que la vieran, así que tal vez había una posibilidad de que dejaran que ella y mi hermano la vieran también.

Yo les pedí que lo intentaran, no podía ver a mi bebé, pero quería que ellos lo hicieran. Sin embargo, ellos no la vieron, era tarde y pronto tenían que conducir de regreso a su casa en Bakersfield. Todos los demás también comenzaron a irse a casa, no recuerdo mucho después de eso, era tarde y podía ver el cielo nocturno a través de la ventana. Solo recuerdo el pitido de las máquinas que me daban medicamentos, recuerdo la sensación de aturdimiento, la desesperación de no poder moverme y la sensación de malestar en el estómago. Luego todo se volvió negro de nuevo.

Me desperté a la mañana siguiente con Danny cuidándome e inmediatamente lo bombardeé con preguntas. "¿Cómo está nuestro bebé?" –pregunté-. ¿Está bien? ¿Puedo verla? ¿Cuándo puedo verla? Debido a la medicación que estaba tomando, todavía no me permitían moverme de la cama, mi presión arterial había sido continuamente tan alta que todavía me preocupaba una posible convulsión. Danny había ido y venido a la UCIN toda la noche, y pudo capturar algunas fotos de nuestra bebita y con entusiasmo me las mostró en la cámara. "¡Oh, nena, es tan hermosa!" –dijo-, e inmediatamente me eché a llorar. Me sentí impotente, ¿cómo era que todos los demás habían podido ver a mi hija, pero yo, su madre, no? *¿No había una manera para llevarme a ella? ¿O ella a mí? ¿Por qué no podía verla?* Pude ver la impotencia en el rostro de Danny, estaba tratando de consolarme mostrándome a nuestra hija y allí estaba yo, llorando como un desastre. "Ella está bien, nena; ella está viva" –dijo-. Luego continuó, dándome una jerga médica que no entendí muy bien sobre sus "sats" y niveles de oxígeno y máquinas y tubos de respiración. Danny siempre fue práctico y necesitaba conocer cada detalle de todo. El ingeniero que había en él estaba claramente presente, ya había descubierto todas las máquinas y los porqués detrás de ellas, sabía lo que significaba cada número en los monitores y por qué emitían un pitido cuando lo hacían. Nunca tuvo miedo de hacer preguntas si no sabía algo. También ya se había hecho amigo de las enfermeras y las llamaba a todas por su nombre, lo admiraba por lo fácil que le resultó todo esto. Yo, en cambio, siempre fui la emocional; llevé mi corazón en mi manga. Me siento como la peor madre del mundo, debería saber todas estas cosas. Yo también debería estar con ella, debería estar allí para ayudar a consolarla. Si tan solo hubiera dado a luz a un bebé sano, todo esto es mi culpa. Danny me sostuvo en sus brazos y me aseguró que estaríamos bien.

Mientras estábamos en este momento, una enfermera entró con más medicamentos. Después de administrarlos, revisó mis signos vitales, luego mi incisión. Tenía mucho dolor y apenas podía moverme, dependía de los demás para todo, y como resultado, conocí rápidamente a las enfermeras y al personal. Danny y mi madre estuvieron junto a mi cama la mayor parte del tiempo en caso de que necesitara algo. Me hicieron compañía y estuvieron allí en caso de que me derrumbara. Estaba tan agradecida con ellos; nunca me abandonaron. Me consolaron cuando no podía ver más allá de mi trauma. Era un desastre emocional y parecía que no podía controlar los estallidos aleatorios de llanto. Mi madre me abrazó y secó mis lágrimas; pasó la noche sin dormir cuidándome y preocupándose por mí. Ahora estaba empezando a comprender el amor que tenía por sus hijos, su amor incondicional. Haría cualquier cosa por ver a mi hija, por amarla, por abrazarla, por estar ahí para ella cuando más me necesitara. Es un amor que no se puede explicar.

Los siguientes cinco días fueron dolorosos, literal y figurativamente. No me permitieron ver a mi bebé, no me permitieron moverme, no se me permitió comer, me drogaron, depresión hormonal, un lío emocional. Familiares y amigos se enteraron de la noticia y vinieron a verme. Durante los siguientes cinco días tuve visitas todos los días, lo cual fue agradable; eso ayudó a pasar el tiempo, sentí el amor. Aunque algunos días, todo lo que quería hacer era estar sola, no quería ver a nadie. Yo estaba enojada, enojada conmigo misma, enojada con mi cuerpo por traicionarme, enojada por la situación.

Enojada y cansada; cansada de estar acostada en esta cama, cansada de la pequeña charla, cansada de los días interminables. Cansada de tratar de mantener la calma y fingir que estaba bien cuando por dentro estaba hecha pedazos. Sentí que no se me permitía llorar porque los comentarios de lástima no se detenían. Sabía que la gente tenía buenas intenciones, pero no entendían, yo solo quería ver a mi bebé. ¿Cuánto tiempo puede pasar una madre sin ver a su bebé? Sin embargo, una vez que pasó la ira, también me sentí agradecida. Agradecida de estar viva, agradecida de que mi bebé siga luchando, agradecida por mi increíble esposo que nunca se separó de mi lado, agradecida con mi madre, porque cuando me despedí antes de mi cirugía, pensé que nunca la volvería a ver. ¡Pero sobrevivimos, contra todo pronóstico, sobrevivimos!, y con suerte, pronto podré ver mi pequeño milagro. La personita que quiero ver con toda mi alma.

La tarde del día cinco, la enfermera entró y me dijo que mis números estaban bajando; habían ido reduciéndolos constantemente lo suficiente como para que mis riesgos para la salud fueran mucho menores. Ya habían retirado el catéter y reducido los medicamentos. Si todo continuaba en esa dirección y de acuerdo al plan, se me permitiría moverme e ir a ver a mi bebé. ¡Finalmente! Recuerdo ponerme una bata morada de seda que me regaló la madre de Danny junto con pantuflas moradas. Nunca tuvimos la oportunidad de "empacar una maleta" como lo hacen los padres "normales" cuando están a punto de dar a luz. Nuestra situación fue tan urgente que no tuvimos tiempo para nada, no teníamos nada preparado. El morado no era mi color favorito, pero serviría. Quería lucir presentable para mi niña, así, que me puse lo que tenía, mejor que nada, pensé. En realidad, me veía como un desastre: mi cabello estaba recogido en un moño enredado, todavía estaba increíblemente hinchada y tenía puertos intravenosos saliendo de mis brazos. Me pusieron en una silla de ruedas, me sacaron de mi habitación y me empujaron por los pasillos hasta que nos detuvimos frente a las puertas de la UCIN. La enfermera presionó un botón en un teclado plateado y alguien del otro lado respondió: "¿Cómo puedo ayudarle?", "Mamá está aquí por la pequeña Ryan,", respondió la enfermera. La puerta sonó y nos dejaron entrar. Tan pronto como estuvimos en la UCIN, fuimos a la izquierda al área de lavado. Danny agarró dos paquetitos y me entregó uno. *¿Qué hago con esto?* Abrió el suyo y me mostró una pequeña cosa amarilla cuadrada que parecía un cepillo. Se arremangó, arremangó la mía también y dijo: "Se supone que debes frotarte durante tres minutos, desde las uñas hasta los codos, cada vez que ingresas a la UCIN, esto es para proteger a nuestro bebé de infecciones". Asentí.

Una vez que terminamos de fregar, me llevaron en silla de ruedas por un largo pasillo (me pareció interminable) hasta que nos detuvimos frente a la habitación 343. Esta UCIN en particular era una UCIN certificada de nivel 3, especialmente diseñada para atender a bebés prematuros y bebés de alto riesgo, y proporcionó habitaciones unifamiliares privadas. La habitación estaba oscura y silenciosa, con excepción del pitido de las máquinas. Tenía miedo de entrar, no estaba segura de qué esperar o qué hacer. Una agradable enfermera llamada Ashley me dio la bienvenida; ella era la enfermera de Emma por la noche. Mientras miraba alrededor de la habitación, noté el nombre de Emma en todas partes. En una pizarra blanca estaba la fecha: *Martes 8 de mayo. Emma pesa 490 gramos hoy: unos pocos gramos menos que en la última revisión. ¡Ashley es mi enfermera hoy!* Al final de su Isolette de plexiglás estaba su nombre, Emma, en cartulina rosa con un mono marrón colgado; una de las enfermeras se lo había hecho. Danny me llevó más cerca del Isolette, y Ashley vino a recibirnos, Levantó una manta que cubría la Isolette, y dentro había una cosita diminuta que no parecía un bebé. Estaba envuelta en mantas a su alrededor como una barrera, sus ojos estaban cubiertos con una pequeña máscara negra y había una gran luz arriba que la iluminaba. Danny procedió a abrir dos pequeñas puertas en el costado de la Isolette para que pudiera pasar mis manos y verla. Yo estaba en shock, nunca había visto algo así. *¿Es este realmente mi bebé?* He visto bebés recién nacidos antes y no parecía un bebé recién nacido. Era tan pequeña como la palma de mi mano, su pequeño cuerpo era oscuro y lograba ver a través de él, podía ver cada vena y vaso sanguíneo. Sus ojos aún estaban cerrados y tenía miedo de tocarla. Puse mi mano sobre ella y ella movió su pequeño brazo, era del tamaño de mi dedo índice. Tenía cinta adhesiva, cables y todo tipo de máquinas conectadas a ella. Quería saludarla, pero tenía miedo de que si abría la boca me derrumbaría. *Tengo que mantenerme entera; ella no puede verme llorar, me dije.* Quería que mi bebé sintiera lo feliz, agradecida y bendecida que me sentía de verla, de estar allí con ella. Esto se sintió como una experiencia extracorpórea, como si estuviera allí viendo la historia de otra persona. "Hola, Emma", le dije. "Soy tu mami. Siento no haber podido verte antes, pero estoy aquí. Te quiero mucho, mi niña". Las lágrimas comenzaron a fluir, no pude contenerlas. Ashley se acercó a nosotros al otro lado de la Isolette y dijo: "se supone que no debo hacerlo, pero como aún no está intubada, puedo colocarla en sus manos durante unos minutos para que puedan verla mejor". Danny se arrodilló a mi lado y tomó mi mano. "Sí, nada me gustaría más", dije. Ashley abrió la Isolette y toda la parte superior se levantó, como una cápsula. Le tomó unos minutos lidiar con todos los cables, derivaciones, cánulas de oxígeno, máquinas y cualquier enredo. Agarró lo que parecía un bulto de mantas de hospital y la puso en mis brazos.

¡Oh, Dios!

"Hola, mi pequeña princesa, se siente tan bien abrazarte, te he echado mucho de menos. Vas a estar bien, mi pequeño amor, mami está aquí, mami está aquí". Ashley preguntó si nos gustaría una fotografía familiar y rápidamente accedimos. "¡Sí, por favor!", Danny le entregó la cámara a Ashley y, aunque no era lo que había imaginado que sería nuestra primera foto familiar, fue perfecta. Finalmente estábamos juntos, los tres. Ese momento quedará grabado en mi corazón para siempre. Mi pequeña princesa en nuestros brazos, solo por unos pocos minutos, pero unos pocos minutos fue todo lo que necesité para seguir luchando fuerte. Poco después, llegó el momento de que Ashley volviera a poner a Emma en la Isolette, no quería dejarla ir, quería tenerla conmigo. Había esperado tanto tiempo para verla, pero sabía que Ashley solo estaba tratando de hacer su trabajo, pero me dolió dejarla ir, dolía darle la espalda. Ashley tomó a Emma de mis brazos y cuidadosamente la acomodó y la colocó de nuevo en la Isolette. Una vez que Emma estuvo cómoda y descansando, era hora de que yo también regresara a mi habitación.

Danny me sacó de la UCIN y me ayudó a volver a la cama. Esta fue la noche más increíble, pero también la más triste, de mi vida. Tenía tantas emociones encontradas, anhelaba estar con mi hija, pero sabía que estaba mejor donde estaba, este lugar le estaba salvando la vida. Me acosté en mi cama, solo queriendo dormir y no pensar. No quería sentir el vacío en mis brazos, ya extrañaba mucho a mi hija, había estado tan cerca de ella, y ahora me sentía tan lejos. Quería que fuera mañana para poder verla de nuevo.

Maternidad

¿Realmente me convertí en madre?

Había estado en esta habitación de hospital fría, estéril
y triste durante cinco días. Derramé más lágrimas de las que
pensé que tenía dentro de mí. Me estaba quedando seca, todo
me emocionaba. Solo había podido visitar a mi bebé una vez y
aunque estaba tratando de mantenerme positiva, la realidad era
que no estaba en un buen lugar. Me faltaba sentirme madre y
estaba extrañando a mi hija, me estaba perdiendo la única cosa
por la que había sido ingresada en este hospital: la maternidad.

"Bienvenida a la maternidad", me dijeron. ¿La maternidad?,
qué concepto tan extraño era para mí, no me sentía madre,
no me había sentido como una madre todavía, no durante mi
embarazo y no ahora. Ahora me sentía como una montaña rusa
de emociones, no estaba segura de cómo navegar. Ahora estaba
llena de dolor y trauma para el que no me había preparado. Los
libros Qué Esperar Cuando Estás Esperando nunca mencionaron
nada sobre cirugías de emergencia, micro-bebés prematuros o
Unidades de Cuidados Intensivos Neonatales. Los libros que
había leído sólo hablaban de fetos del tamaño de frutos en
semanas específicas de gestación y sólo describían en detalle
la belleza en que se estaban desarrollando. Estos libros nunca
mencionaban qué pasaría si ese "fruto" naciera antes de tiempo.
Di a luz a Emma a las veintisiete semanas de gestación, pero
debido a que tenía una RCIU severa alrededor de las cuatro
semanas, nació del tamaño de un feto de veintitrés semanas.
A las veintitrés semanas, según los libros, el bebé es tan grande
como una toronja. El feto promedio de veintitrés semanas mide
11.4 pulgadas de la cabeza a los pies y pesa 1.1 libras. Mi bebé
nació del tamaño de una toronja, 1.125 libras y 10 ¾ pulgadas de
largo. ¿Alguna vez has tenido una toronja en la mano?, este era el
tamaño de mi bebé al nacer.

Lo que los libros tampoco te dicen es que los bebés que
nacen después de solo veintitrés a veinticuatro semanas son tan
pequeños y frágiles que a menudo no sobreviven. Sus pulmones,

corazón y cerebro no están listos para vivir afuera del útero sin intervención ni tratamiento médico extremo. Los libros tradicionales sobre bebés no le dicen que existe la posibilidad de que su bebé no sobreviva (siete de cada diez mueren) y en la posibilidad de que sobreviva, también existe la posibilidad de que el tratamiento será causarle sufrimiento y daño a su bebé. Sufrimiento y daño: ya estábamos experimentando sufrimiento y daño.

Mi bebé parecía más un experimento que un bebé. Las máquinas estaban adheridas a su cuerpo desde cualquier ángulo que miraras. Estaba siendo pinchada, sondeada y monitoreada cada cinco segundos. Había escuchado terminología que no entendía, terminología médica que solo había escuchado en programas como ER y Grey's Anatomy. Me sentía más como una extraña para mi hija que como una madre, un visitante, un espectador. Esto no era maternidad, la maternidad para mí no se parecía ni se sentía como lo que había visto con la mayoría de las madres que conocía. Por lo que sabía, estas mujeres habían quedado embarazadas, y nueve meses después, ¡boom!, un bebé sano llegó a casa y el mundo entero viene y se baña y celebra a dicho niño. *¿Por qué no podría ser yo? ¿Por qué no podía traer un bebé sano a casa y ducharlo como los demás?* ¡Ni siquiera llegué a tener un baby shower! Es estúpido, lo sé, pensando en los baby showers, pero me engañaron en todas las hermosas experiencias que conlleva tener un bebé. *¿Sería capaz de experimentar la experiencia de llevar a mi bebé a casa? ¿Qué pasa si ella nunca llega a casa? ¿Y si… ni siquiera quiero terminar esa frase?*

El día después de conocer a Emma por primera vez, cinco días después de su nacimiento, me dijeron que me iban a dar de alta. Me estaría yendo a casa sin mi bebé, con las manos vacías; nada te prepara para esto, nada te prepara para el sentimiento de vacío interior, la sobrecarga de tristeza, culpa e ira que te invade. No era así como se suponía que debía ser. ¡Así no funcionaba la maternidad!, me sentí miserable. No solo ya estaba llena de hormonas, emociones y sentimientos de culpa por no poder traer un bebé sano al mundo, sino que ahora me iba de este hospital con las manos vacías, estaba dejando atrás a mi bebé enfermo, frágil y que apenas sobrevivía. *¡¿Qué clase de madre hace eso?! ¡¿Qué clase de madre soy?!* Estaba enojado conmigo misma, le fallé a Emma como madre. Temía que me dieran de alta, no porque no quisiera ir a casa, por supuesto que quería ir a casa, simplemente no quería irme a casa sin mi bebé. Quedarme en el hospital significaba que estaba más cerca de ella en proximidad, a la vuelta del pasillo, en el mismo piso, en la siguiente unidad, solo unas pocas puertas más abajo. Ser dado de alta significaba que estaría lejos de ella, a millas del hospital, más lejos de lo que jamás hubiera querido estar. El hecho de que no podía estar cerca de mi hija y abrazarla cuando quisiera, como una "mamá normal" ya era insoportable, pero la idea de ir a casa y no estar cerca de Emma era más de lo que podía manejar. El papeleo del alta ya había comenzado, por lo que era solo cuestión de tiempo, pero no estaba lista para irme.

La amable enfermera que me sacó del hospital me preguntó si quería que me llevaran por la parte de atrás, donde no me encontraría con otras nuevas mamás que también estaban siendo dadas de alta y se iban con sus bebés recién nacidos en los brazos. Ella pensó que esto aumentaría mi angustia y quería ayudar a aliviar mi dolor un poco evitando cualquier rastro de madres felices y bebés recién nacidos felices, sanos y hermosos. Estuve de acuerdo, lo último que quería hacer era ver cómo otras mamás salían felizmente con sus nuevos bebés perfectos. Sentí envidia, arrancado de la experiencia. Así que me sacaron en silla de ruedas por los ascensores traseros y las puertas del hospital, como un fantasma, invisible, con los brazos vacíos. Una nueva mamá sin su bebé. Me sentí rota, estaba rota, literal y figurativamente. Tenía mucho dolor, no solo emocional sino también físico. Con cada piso abajo, el dolor se intensificó. Estaba cada vez más lejos del pequeño ser que había dado a luz unos días antes. El dolor de mi cesárea también me lo recordaba; con cada movimiento, mi interior se sentía como si fuera a rasgarse en cualquier momento. Mi cuerpo todavía estaba hinchado por toda la medicación, me sentía como un globo gigante, demasiado lleno de aire, a punto de estallar. No me veía ni me sentía como yo mismo. Los médicos aún no habían podido controlar completamente mi presión arterial; todavía estaba alto. La medicación estaba tardando en volver a la normalidad; tomaría tiempo. Me sentía horrible y tenía un fuerte dolor de cabeza. Miré a Danny en busca de consuelo, solo quería que me abrazara y me dijera que todo estaría bien, pero cuando lo miré, también parecía preocupado y afligido. Sé que él también estaba tratando de mantener la compostura. No quería aumentar su carga porque ya estaba muy ocupado tratando de juntar todo y meterlo en el auto: mis medicamentos, mis cosas, todo tipo de arreglos florales, globos y gestos amorosos de familiares y amigos; tenía las manos llenas. La enfermera y el voluntario que caminaban con nosotros me miraron con ojos cariñosos pero preocupados; traté de no hacer contacto visual. Intenté tanto contener mis lágrimas. No quería desmoronarme.

Pero, ¿cómo se suponía que debía sentirme cuando todo estaba tan jodido? Mi bebé estaba arriba en la UCIN luchando por su vida y aquí yo que la estaba dejando atrás. Traté de mantener la compostura, pero el nudo en mi garganta se hacía más y más grande; me sentí frágil. De repente, las lágrimas simplemente fluyeron, no pude detenerlas. Lo intenté, de verdad lo intenté. Solo quería que todo estuviera bien, quería que Emma estuviera bien. Ojalá tuviera una varita mágica que lo arreglara todo. ¿Dónde estaba el hada madrina cuando la necesitabas? Me estaba desmoronando, me sentía agotada; agotado en todos los sentidos, pero necesitaba recuperarme. Si me desmoronaba, no creía que pudiera volver a sentirme en una pieza. Tenía que ser fuerte por Danny, por Emma, por todos nosotros.

El viaje en coche a casa fue tranquilo; miré por la ventana todo el tiempo. El sol de principios de mayo me golpeaba la cara a través de la ventana, pude ver flores comenzando a florecer mientras conducíamos por las calles. No podía apartar la mirada, no podía mirar a Danny, no pude decir una palabra.; todo duele. Danny sostuvo mi mano todo el tiempo y la apretaba de vez en cuando como para recordarme que debía respirar. "Te amo, cariño", dijo. "Todo va a estar bien; nuestro *monkey* va a estar bien. Llamaremos a la UCIN tan pronto como lleguemos a casa para ver cómo está Emmy, y te traeré de regreso por la mañana. Solo necesitas descansar un poco esta noche, ¿de acuerdo?", asentí. Las lágrimas corrían por mi rostro mientras miraba por la ventana.

La última vez que estuve en casa fue la mañana antes de que nuestro mundo se pusiera patas arriba de repente, antes de que mi cuerpo fallara y me traicionara, antes de que me sometieran a cirugía. Ni siquiera podía recordar cómo había dejado nuestra casa. *¿Limpié la casa antes de irnos? Incluso, ¿desempaqué?* El día antes de nuestra cita que cambió la vida, acabábamos de llegar a casa de nuestro viaje de cuatro días a San Francisco después de unos meses muy difíciles con la pérdida de nuestro gemelo y la serie de complicaciones durante mi embarazo. No podía recordar si había hecho algo en casa. Tan rápido y repentino como sucedió todo, el tiempo pareció detenerse, todo parecía haber sucedido hace tanto tiempo, se sentía como años desde que había estado en casa. La habitación de Emma ni siquiera estaba lista todavía, nada estaba listo. Mi bebé definitivamente no estaba listo. Entré a la casa y todo se sentía extraño. La Faby que había salido de esta casa días antes ya no era reconocible, yo había cambiado, todo había cambiado. Abrí la puerta de la recamara de Emma y me derrumbé al instante. Todo estaba mal, no se suponía que la maternidad comenzara de esta manera. Una madre sin su bebé no es madre en absoluto.

¿Realmente me convertí en madre?

★★★

El embarazo, la maternidad y el camino a la maternidad no fueron fáciles para mí como lo es para muchas otras. Verás, la maternidad viene en diferentes formas y tamaños. Algunas de nosotras deseamos la maternidad con todas nuestras fuerzas, anhelamos ser madres más que nada en el mundo. Algunas de nosotras perdemos nuestra maternidad con nuestras pérdidas, como me pasó a mí después de cuatro abortos espontáneos y la pérdida del gemelo de mi hija. Para algunos de nosotros, el trauma y el dolor para llegar a la maternidad es demasiado grande. Y algunos de nosotros, nunca somos capaces de llegar allí.

Sin bebé

La fuerza se encuentra en sobrevivir al viaje
sobre el que no tenemos absolutamente ningún control

Mayo 9, 2012

El día que llegamos a casa del hospital, sin bebé, me rompió. Toda la fuerza a la que había estado tratando de aferrarme, para Danny, para nuestras familias, incluso para mí, se desvaneció. Me sentí impotente, vacía, perdida. Me senté en la recamara vacía durante horas hasta que Danny me arrastró fuera de allí. "Tienes que descansar un poco, mi amor. ¿Qué tal si te preparo algo de comida? No quería nada, absolutamente nada, nada más que mi bebé. "Llamemos a la UCIN y verifiquemos cómo le está yendo a Emmy. ¿Eso te hará sentir mejor?." Saber que Emma estaba bien fue lo único que me hizo sentir mejor, que me permitió respirar:

- Hola, soy Faby Ryan llamando a la niña Ryan. ¿Cómo está Emma? ¿Quién será su enfermera esta noche? ¿Puedo obtener sus estadísticas?

- Déjame transferirte con su enfermera.

- Hola, ¿cómo está Emma desde que nos fuimos? ¿Subió algún gramo? (En la UCIN, todo se mide en gramos y cada gramo cuenta).

- Ha bajado unos gramos, pero es normal que los bebés prematuros bajen un poco de peso. Ella se ajustará y comenzará a subir de peso. En un momento, Emma pesaba menos de una libra.

- ¿Ha tenido algún episodio?

- No hay episodios desde que te fuiste, mamá.

Un episodio o bradicardia, se produce cuando el ritmo cardíaco disminuye, por lo general a menos de 80 lp.m. en un bebé prematuro. Muchas veces, la bradicardia ocurre después de una apnea (olvidarse de respirar) o períodos de respiración muy superficial. El pecho de Emma se contraía y dejaba de respirar constantemente.

- ¿Cómo está respirando?

- Su respiración está bien; ella está descansando.

¿Cómo puede estar bien y descansando cuando yo no estoy?
¡Debería estar allí cuidándola, no tú!

- Me alegro de que esté feliz y descansando, gracias. ¿Cómo está ella con el respiradero del oscilador?

Un respirador de oscilador es ventilación oscilatoria de alta frecuencia; generalmente se usa cuando falla la ventilación mecánica convencional. Las ventilaciones con oscilador pueden mejorar la oxigenación cuando se usan desde el principio, y son modos más suaves de ventilación pulmonar. Esto es especialmente bueno para los pulmones neonatales porque las ventilaciones con oscilador reducen las lesiones pulmonares inducidas por el ventilador. A diferencia de los ventiladores tradicionales, que esencialmente inflan y desinflan los pulmones del bebé como un conjunto de olas, el oscilador mantiene los pulmones abiertos con una presión positiva constante al final de la espiración y hace vibrar el aire a una velocidad muy alta (hasta 600 veces por segundo). Si bien la ventilación mecánica conllevaba grandes riesgos, era nuestra única opción. Debido a los pulmones extremadamente subdesarrollados de Emma, el oscilador era la mejor manera de darle a sus pulmones una oportunidad de luchar con menos daño a largo plazo.

- ¿Se ha vuelto a quitar el tubo? ¿Qué leen sus números?

- No desde la última vez que hablamos. Por favor dile que no haga eso, ya no. ¡Le gusta mantenernos alerta!"

¡Emma, la pequeña luchadora que era, amaba sacarse el tubo de respiración cada vez que podía y asustaba a la UCIN (y a nosotros)! ¡Estaba comenzando a mostrarles a esos médicos y enfermeras quién era el jefe!

-¿Cuál es su frecuencia cardíaca?

Los bebés prematuros tienden a tener frecuencias cardíacas más rápidas que los bebés nacidos a término. En general, una frecuencia cardíaca de 120 a 160 latidos por minuto es normal para un bebé prematuro y de 80 a 140 latidos por minuto para un bebé nacido a término.

- ¿Ha tenido un desat?

- Ha tenido algunos, nada de qué preocuparse, mamá, está bien.

Una desaturación es cuando el corazón se ralentiza
en respuesta a los niveles bajos de oxígeno en la sangre. En
conjunto, la apnea y la bradicardia a menudo se denominan
"episodios" y un nivel bajo de oxígeno en la sangre a menudo se
denomina desaturación o desat para abreviar.

- ¿Qué lee su monitor de oxímetro de pulso?

La oximetría de pulso es un método no invasivo para
monitorear la saturación de oxígeno en la sangre de una persona.
Es un instrumento vital en el cuidado de los bebés en la UCIN.

- Sus números son estables, mamá.

- ¿Qué dijo su gas en sangre hoy?

Una gasometría es un análisis de sangre arterial que mide
los niveles de oxígeno y dióxido de carbono en la sangre. La
prueba puede mostrar los niveles de PH en la sangre y la función
pulmonar y puede ayudar al médico a determinar qué tan bien
están funcionando los pulmones y los riñones. Esta prueba se
usa a menudo en situaciones agudas para ayudar a diagnosticar
la causa de la dificultad para respirar. Emma tenía pruebas diarias
de gases en sangre.

- Aún no hay resultados, pero le informaremos tan pronto
como el laboratorio los muestre.

- ¿Está funcionando la transfusión de sangre?

- Papá es un héroe; ella está tomando muy bien la
transfusión de sangre.

Emma necesitaba una transfusión de sangre de emergencia
y sin dudarlo, Danny le dio su sangre a nuestra niña. Por suerte,
una combinación perfecta. Deseé haber podido, pero con mi
condición, no había sido una opción; esta transfusión la estaba
salvando.

- ¿Ha cerrado su PDA?

- ¿Están funcionando los medicamentos?

PDA o Patent Ductus Arteriosus, es un defecto cardíaco
causado por problemas en el desarrollo del corazón. Es una
abertura anormal entre dos vasos sanguíneos, la aorta y la arteria
pulmonar, que sale del corazón, lo que provoca un aumento del
flujo de sangre a los pulmones y sobrecarga el corazón. Después
del nacimiento, el conducto arterioso normalmente se cierra en

2 a 3 días, pero en los bebés prematuros, la abertura tarda más en cerrarse. Cuando la conexión permanece abierta, se denomina conducto arterioso permeable. PDA es dos veces más común en las niñas. ¡Afortunados nosotros! Un médico generalmente diagnosticará PDA después de escuchar el corazón del niño. La mayoría de los casos de PDA causan un soplo cardíaco (un sonido adicional o inusual en los latidos del corazón). Un PDA pequeño puede no causar síntomas, pero uno grande puede permitir que la sangre pobremente oxigenada fluya en la dirección equivocada, debilitando el corazón y provocando retraso en el crecimiento o dificultad para respirar. Es importante corregir una PDA porque puede provocar insuficiencia cardíaca congestiva y una enfermedad del lado derecho del corazón más adelante en la vida. El PDA de Emma estaba en el lado grande. Estaba en tratamiento para tratar de cerrarlo con medicamentos, pero hasta ahora no estaba funcionando tan bien como esperábamos. Todo era un juego de espera, un juego que nunca quise jugar.

¿También fue mi culpa? ¿Le pasé esto a mi hija? Yo también nací con un soplo en el corazón.

- ¿Algún otro medicamento nuevo?

- No por ahora, mamá.

- ¿Ha estado tomando su bolo bien? ¿Tuviste suficiente leche materna para hoy? Podemos ir a dejar más esta noche.

Como Emma no podía alimentarse por la boca, le colocaron una sonda NG (nasogástrica), que lleva alimentos y medicamentos al estómago a través de la nariz. Las enfermeras y yo estábamos asombrados por el hecho de que había desarrollado incluso la más mínima cantidad de leche materna. Como Emma nació tan temprano, nadie esperaba que produjera nada, pero ahora todos lo veíamos como oro líquido. Si hubiera la más mínima posibilidad de que pudiera producir y ayudar a mi bebé de alguna manera, definitivamente lo haría. En realidad, no estaba recibiendo mucho, tal vez una onza cada dos horas, pero para mí, cada mililitro era una bendición.

- Ella está tolerando bien los alimentos; incluso podríamos subirles unos cuantos cc.

Emma solo estaba recibiendo de 5 a 10 cc a la vez porque era todo lo que su pequeño cuerpo podía soportar.

- Gracias, iremos esta noche una vez que se haga la ronda.

- Hasta entonces, mamá. No te olvides de cuidarte también.

- No te preocupes por mí, estaré bien; Solo quiero que mi niña esté bien.

Aprendimos mucho de la jerga que viene con tener un bebé mi-cro-prematuro. Danny y su mente de ingeniería, siempre queriendo saber cómo funcionaba todo, fueron muy útiles. Me estaba enseñando todo lo que había aprendido durante los cinco días que estuve tan enferma que no pude ver a Emma. Definitivamente había dado un paso al frente; un papá tan bueno, práctico y orgulloso. Nuestras llamadas para ver cómo estaba nuestra bebé eran más informativas y "parecidas a un médico" que "a un padre". Verás, la vida para nosotros como "padres de la UCIN" fue más complicada de lo que jamás habíamos pensado. Nos vimos obligados a aprender y sin embargo, aún teníamos mucho más por aprender. Controlar a nuestra niña no fue tan simple como "¿Cómo está la niña?", era un mundo más allá de todo lo que habíamos imaginado, aterrador por decir lo menos y lleno de incertidumbre. Conteníamos la respiración entre cada llamada a la UCIN. Las cosas podían cambiar en cualquier momento, así que cada segundo contaba. Traer a nuestra bebé a casa era un pensamiento distante. Asegurarnos de que nuestra bebé estuviera viva cada momento era nuestra forma de vivir. Por mucho que Danny quisiera que descansara esa noche, no pude. El dolor de mi cesárea me estaba matando y mi presión arterial aún estaba alta, incapaz de controlarse. Yo no era yo, y todo lo que quería era ver a mi bebé. Entonces, hicimos lo mejor que sabíamos hacer. A las 8:00 p.m., Danny me cargó en el auto y fuimos al hospital. El viaje en auto de 4.8 millas desde mi casa en El Camino Village hasta el hospital en Torrance, CA, fue tranquilo, excepto cuando los baches en el camino me hicieron sentir que las entrañas estaban a punto de partirse. Sostuve mis manos en mi estómago apretado pensando que si me agarraba lo suficiente, mis entrañas no se caerían dentro del auto. En contra de mi buen juicio, me había puesto una de esas estúpidas fajas recomendadas para la recuperación de una cesárea. Al instante me arrepentí; me pellizcó y me hizo doler más de lo que me dio alivio. Después del viaje en automóvil más doloroso, finalmente llegamos a la entrada de emergencia del Hospital Little Company of Mary, el hospital en el que dejé a mi bebé sola. La entrada de emergencia era la única manera de llegar a la UCIN después horas, así que Danny entró, agarró una silla de ruedas y me llevó adentro.

– Hola, ¿cuál es tu emergencia?, ellos preguntaron.

– Estamos aquí por la UCIN. ¡Nuestra niña está allá arriba!".

– Tendrás que registrarte aquí y obtener un brazalete.

Lo hicimos. El corredor de Emergencia a la parte interior del hospital era largo y confuso. En medio del pánico, era fácil perderse, y nos perdimos. "Está bien, nena, encontraremos nuestro camino", me aseguró Danny. Y por la gracia de los dioses del hospital, encontramos una enfermera que nos condujo a los ascensores y hasta el tercer piso. Me quedé callada y miré a Danny de vez en cuando. Me sentí tan confundido y fuera de lugar y me preguntaba si él también. Danny siempre fue tan confiado y podía encontrar su camino en cualquier escenario, sin problema; lo envidié. Había estado tan asustada y tan perdida. Me sentí pequeña y lo vi como un ser grande e increíble que nos cuidaba a mí y a nuestra niña. Ojalá pudiera ser más como él: fuerte, seguro, saludable.

– Padres de la niña Ryan, dijimos mientras entrábamos.

– Pasen.

Estaba aprendiendo la rutina: entré al área de desinfección con las mangas arriba, me quité las joyas, froté durante tres minutos y caminé (me llevaron) por el pasillo hasta la habitación 343. Una de las cosas reconfortantes que encontré en este hospital fue el hecho de que Emma tenía una habitación privada. No estaba en condiciones de estar rodeada de gente, y esto al menos me dio un poco de privacidad para no parecer tan perdida, sorprendida o asustada como me sentía sin que nadie pensara que era una madre de mierda (tal como me veía a mí misma y a mi cuerpo que me traicionaba).

   - Hola mamá y papá, Emma está bien y descansando, dijo la enfermera mientras Danny me llevó al lado de la incubadora. Luego siguió con un informe completo sobre las estadísticas de nuestra hija.

   - ¡Hola, amorcito, mami está aquí! Miré a la enfermera: ¿Puedo tocarla?

   - Por supuesto, solo sé muy cuidadosa.

   Quería tanto sentirme como una madre. Quería tanto sentirme "normal". Pero qué demonios era normal cuando miraba a mi bebé a través de la Isolette y le pedía permiso a una enfermera para tocar a mi propia hija? ¿Cómo podría sentirme como una madre? ¡Nada de esto era normal! Me senté allí en una silla de ruedas, mirando a mi pequeña hija, esperando que pudiera sentirme, esperando que pudiera escucharme. Sus ojos aún estaban cerrados y cubiertos con una máscara negra. El monitor sobre su Isolette se apagó, pitando como loco, los números parpadeaban en rojo y verde. Me asusté. Las alarmas y las máquinas advirtieron que algo andaba mal.

   -¿Qué le está pasando?, me entró el pánico. *¿Hice algo mal?* La enfermera me pidió entonces que pusiera mi mano sobre ella, que cubría todo su cuerpo.

   - Ella se siente consolada de esta manera, ella puede sentirte.

   Cuando puse mi mano sobre ella, inmediatamente, las estadísticas en el monitor se asentaron. Sentí su cuerpo relajarse. *Ella puede sentirme, ella sabe que estoy aquí, ella sabe que soy su mami. Las lágrimas corrían por mi rostro. ¡Te amo, pequeño amor, te amo tanto!*

   Esa noche me fui a casa sabiendo que mi bebé sabía quién era yo. La amaba más de lo que jamás había amado a cualquier otro pequeño humano y me propuse nunca fallarle. Estar allí para ella día y noche, aprender todo lo que tenía que aprender, ser su mayor defensora. Yo pelearía por ella de la misma forma en que ella estaba luchando por mí. Sabía que no sería fácil, nada de nuestro viaje juntas lo había sido hasta ahora, pero ella estaba aquí, viva.

Flores de mayo

Sin lluvia, no habría flores, ni bebés arcoíris

Al día siguiente, jueves 10 de mayo de 2012, Día de la Madre en algunos países como México, sería mi primer Día de la Madre. Es un día que se celebra enormemente en mi cultura y en mi familia, independientemente del Día de la Madre estadounidense. Para nosotros, siempre fue doble celebración. Pero entonces, era un día que temía, no quería que me celebraran. *¿Cómo podría celebrar cuando mi bebé no estaba conmigo? ¿Quién celebra una madre sin su hijo?* Me desperté aturdida y exhausta, estaba bombeando mis senos cada dos horas según las indicaciones del especialista en lactancia, solo para obtener un par de onzas toda la noche, que además, accidentalmente derramé. Mis senos estaban hinchados, sin leche, doloridos y secos. Estaba enojada con ellos.

Quien haya dicho "no llores por la leche derramada" obviamente no tenía idea de lo que estaba hablando. ¡Cuando eres padre de un bebé prematuro, lloras por todo! La leche derramada y el Día de la Madre definitivamente encabezaron la lista de razones para llorar ese día. Afortunadamente, para mi sorpresa y contrariamente a lo que pensé que quería, mi increíblemente atenta madre vino con un hermoso arreglo floral del color del atardecer: rosas rojas, orquídeas anaranjadas y claveles color durazno, todo bellamente ensamblado en una canasta marrón. "De Emmy para mami. Feliz primer día de la madre", decía la tarjeta. Mi corazón estaba lleno de amor, todo valió la pena, todo esto valdría la pena. *Emma va a estar bien, tiene que estarlo.*

Los días pasaron y se convirtieron en rutina: bombear cada dos horas, despertar a las 7:00 am, llamar a la UCIN para obtener las estadísticas de Emma, estar en la UCIN a las 8:00 am; después de las rondas pasaba el día con Emma, volvía a casa entre las 5 y las 6 de la tarde, llamaba nuevamente a la UCIN para obtener las estadísticas de Emma, regresaba a la UCIN con Danny después de que el volvía del trabajo e irnos a casa a las 10:00p.m.-

11:00p.m.. Danny volvió a trabajar después de tomarse un par de semanas libres para cuidar de mí mientras nos ajustábamos a nuestra nueva rutina, así que pasé mucho tiempo sola, principalmente en la cafetería del hospital. Los empleados del estacionamiento del hospital y los de la cafetería me conocían por mi nombre. Me detenían en el hospital: "¿cómo está Emma hoy?", Emma era uno de los bebés más pequeños que había tenido esta UCIN, por lo que su historia había sido escuchado por muchos. Estas personas se habían convertido en mis amigos, eran rostros familiares. Después de considerar nuestras opciones, Danny y yo decidimos que tenía sentido interrumpir su licencia pagada por paternidad, que era de doce semanas aquí en California. Él volvería a trabajar por el momento y usaríamos su licencia de paternidad restante cuando Emma estuviera lista para regresar a casa de la UCIN. De esta manera, ambos podríamos vincularnos, cuidar y pasar tiempo con nuestro pequeño amor una vez que ella estaba en casa para recuperar el tiempo perdido. Había sido una decisión difícil ya que todo lo que quería era que hiciéramos esto juntos, quería que estuviera a mi lado, que fuera mi sistema de apoyo mientras me sentaba todos los días con nuestro pequeño bebé, pero no era práctico desde el punto de vista financiero. Además, su papel en su trabajo fue crucial en ese momento. Tenía un gran proyecto que había estado liderando y mucha gente dependía de él. *Sacrificios, más sacrificios que había que hacer.*

Pasó otra semana; estaba empezando a recuperarme de mi presión arterial alta y de la incisión de mi cesárea, que fue increíblemente dolorosa y tardó más de lo esperado en sanar. Finalmente pude moverme sin la ayuda de una silla de ruedas en la UCIN, lo que facilitó un poco mis viajes allí. Estaba sanando físicamente, pero mental y emocionalmente, era un desastre. Tan apegados como éramos, sentía que Danny no entendía del todo el dolor emocional por el que estaba pasando. En su mayoría, solo vio mi dolor físico, que podía ayudar a solucionar y estaba comenzando a sanar, pero realmente no podía ver el daño que todo esto había hecho dentro de mí. "¿Cómo puedes pensar que esto es tu culpa?" -preguntaba-. "Tal vez, si intentas quedarte en casa un poco más y descansar. No te quedes tanto tiempo en el hospital." Fue difícil para mí explicarle la culpa de mamá y la ira hacia mi cuerpo por traicionarme. "Pero nada de esto es culpa tuya, bebé" –dijo una y otra vez–. Oh, pero para mí lo fue; todo esto fue mi culpa. Nuestra hija que luchaba por su vida todos los días era mi culpa. La lógica en él no podía entender toda esta culpa y dolor, pero mi yo emocional estaba muriendo por dentro. No podía explicárselo de una manera que él entendiera completamente.

Danny fue un apoyo increíble, pero fue diferente para él. Él no vivía dentro de mí ni en el caos de mi cabeza. Además del caos, mis días se consumían en turnos de doce horas en el hospital. Las únicas interacciones humanas que tenía eran las enfermeras de la UCIN, el personal de la cafetería, familiares y amigos cuando podían venir a sentarse conmigo durante el día, lo cual era imposible para la mayoría porque todos los demás tenían una vida mientras mi vida estaba dentro de un hospital. Danny volvió al trabajo, a una vida social casi normal, y yo estaba atrapada en mi pena, dolor y soledad diaria con nuestro bebé luchando por su vida. Me molestó un poco su seminormalidad. Entendí por qué tenía que volver al trabajo, lógicamente, pero nuevamente, el yo emocional era un desastre y se estaba ahogando. Nuestra vida estaba en piloto automático y se sentía como si estuviéramos conduciendo dos autos separados. Odiaba este sentimiento. No quería agregar tensión a nuestro matrimonio además de todo lo demás. Tenía miedo de que no sobreviviéramos. Éramos tan frágiles en ese momento y en modo de supervivencia, intenté con todas mis fuerzas ser fuerte, tragarme mis sentimientos y empujarlos lo más profundo posible para mantenerlos ocultos de Danny, pero mi rostro nunca ha estado sincronizado con mi corazón. Mis sentimientos siempre han sido evidentes. "Ciertas situaciones de la vida te fortalecen o te destruyen", solía decir Danny, y yo no estaba dispuesto a dejar que esto nos rompiera. Teníamos que ser un equipo a toda costa; esta era la única forma en que podíamos sobrevivir a este viaje. Entonces, me atreví, derramé mi corazón mientras lloraba como un bebé y pedí ayuda.

★★★

No lo sabía en ese momento, pero todo lo que estaba experimentando (mis sentimientos de culpa, ansiedad, inevitables ataques de llanto) era depresión posparto. En ese entonces, ni siquiera sabía que esto era una cosa. Nunca nadie me había hablado de eso, siempre pensé que mis sentimientos eran "baby blues" de mamá primeriza y la tristeza obvia de tener un bebé en el hospital luchando por su vida. Lo que estaba sintiendo era diferente a todo lo que había sentido antes. Estaba más allá de mi control. Hubo una tristeza interminable y ataques de llanto incluso cuando quería sentirme agradecida y fuerte. No pude dormir, no pude comer, todo me molestaba e irritaba. Lo reuní hasta que no pude más, e incluso eso me puso triste. La culpa por la traición de mi cuerpo me estaba matando por dentro. Este era un ciclo diario interminable que se prolongó durante meses, años. Pero tuve que lidiar con eso, no sabía nada mejor. Ojalá hubiera sabido entonces lo que sé ahora y hubiera buscado ayuda. Yo no era una madre terrible, estaba pasando por mucho. Todo fue tan increíblemente abrumador, yo no tenía las herramientas en ese momento para ayudarme a mí mismo.

Si usted es una madre primeriza y se siente de esta manera, por favor busque ayuda. No deje que estas emociones la consuman, sepa que no es culpable, esto es una enfermedad y hay ayuda disponible. Es tratable, hay profesionales que la puedan guiar y ayudar.

Usted no está sola.

★★★

En la UCIN, nos presentaron a Lisa Pedersen, trabajadora social clínica y consejera de la unidad. Su trabajo consistía en apoyar a las familias de los pacientes en la UCIN y ayudarlos a caminar el intenso viaje que les cambió la vida juntos a medida que se desarrollaba la montaña rusa del día a día de tener un bebé crítico en la UCIN. Nuestro primer encuentro con Lisa fue increíblemente intimidante; estaba en un entorno de oficina, pero nos dimos cuenta de que trató de configurarlo como un entorno acogedor y tranquilo, su personalidad era precisamente eso, muy tranquila y acogedora. Ella ofreció bebidas y bocadillos, pero lo último que yo quería hacer era tomar un bocadillo. Quería que me arreglara y me dijera por qué no podía dejar de culparme por la situación actual de mi hija. Quería que me dijera que resentirme con la vida casi normal de Danny fuera de mí no me convertía en un imbécil, y que todavía éramos un equipo. Quería que me dijera que había visto a otras familias en nuestra situación y que esos bebés habían sobrevivido y se habían ido a casa sanos. Quería la afirmación de que estaríamos bien. Así que me senté allí, mirando todo y nada.

Danny, por otro lado, se abrió de inmediato; no era del tipo tímido y vacilante. Le contó a Lisa sobre la situación de Emma y eso la hizo sonreír, no nuestra situación, pero el hecho de que se abrió y habló tan dulcemente sobre nuestra pequeña bebé y su experiencia como padre primerizo. No éramos los únicos invitados a esta reunión, también se habían unido otras dos parejas con bebés en la UCIN, y yo estaba ansiosa por escuchar sus historias para ver si tal vez (pero lamentablemente) teníamos algo en común. Quería sentirme menos sola, necesitaba sentir que alguien más entendía y sentía lo que estaba pasando. Desafortunadamente para mí, pero afortunadamente para ellos, sus bebés estaban en una situación menos crítica que la nuestra y pronto se irían a casa. Me sentí increíblemente aliviado por ellos, por supuesto; ningún padre debería tener que ver sufrir a su bebé, ni siquiera por un día, pero esto me hizo sentir aún más sola.

Nos reuníamos con Lisa semanalmente, hablamos sobre la salud de Emma y dónde estábamos en el proceso, y lentamente, comencé a abrirme y compartir todos los sentimientos encontrados que tenía sobre el diagnóstico de Emma, nuestra vida familiar y Danny y yo como una unidad. Pronto nos daba gusto hablar con Lisa, nos enteramos de que le encantaba usar la palabra "delicioso" como una referencia a un sentimiento. "¿Qué te hace sentir delicioso por dentro?", ella preguntaba. Ver a Lisa definitivamente estaba empezando a ayudar, pero siempre sentí que me faltaba algo. Quería hablar y comunicarme con otros padres de micro bebés prematuros, solo ellos podían entender realmente por lo qué estaba pasando, pero me resultó increíblemente difícil encontrar otras familias con las que pudiéramos relacionarnos.

Este fue un momento en que las redes sociales no eran lo que son ahora; no era tan abierto y educativo sobre temas como estos. Apenas sabía cómo usar Instagram o Facebook, y solo los usaba para actualizar a familiares y amigos sobre la condición médica de Emma. Con nada más que la vida en el hospital, me propuse investigar y encontrar otros padres de micro bebés prematuros. Pasaba las noches buscando el diagnóstico de Emma y navegando por las páginas web que podía encontrar sobre estos pequeños milagros. La primera y única página que encontré en ese momento fue grahamsfoundation.org, leí su historia y les envié un mensaje, tuvieron la amabilidad de enviarme un pequeño paquete de atención a mi casa con un gorro, algunas pulseras y un video. Estaban construyendo una comunidad de padres prematuros y quería saber más. Un día, esperaba poder hacer lo mismo por otra persona.

Este viaje no había sido ni sería fácil, esto ya lo estábamos aprendiendo. Teníamos un largo camino por delante, pero saldríamos adelante, juntos. Un día a la vez se convirtió en nuestro lema. Sabíamos tanto y tan poco; y justo cuando pensábamos que teníamos un pequeño control sobre las cosas, la vida nos lanzó otra bola curva.

Resiliencia

Ella no era una bebé perfectamente sana,
pero era perfecta para nosotros

Emma Isabella Ryan, 23 días de nacida, 680 gramos.

Después de dos rondas de medicamentos, el PDA de Emma no se ha cerrado. ¡Emma necesita una cirugía de corazón! La cirugía está programada para el 29 de mayo de 2012.

No pude dormir en toda la noche antes de la cirugía programada de Emma. *¿Cómo pueden operarla? ¡Es tan pequeña, apenas una libra y media!* La idea de que cortaran el cuerpo de nuestra pequeña era más de lo que esta madre frágil y asustada podía soportar, pero, si no se realizaba la cirugía, podríamos haberla perdido. El Dr. Jon, uno de los médicos de Emma y director de la UCIN, nos aseguró que el Dr. Ndiforchu, el cirujano, era el mejor y que Emma estaba en buenas manos. Nos explicaron que la pondrían bajo anestesia general y que entrarían por la espalda. *¿Su espalda? ¡Nunca había oído hablar de algo así! ¿Cómo? Harían una incisión en el lado izquierdo y a través de sus costillas para llegar al PDA, luego colocarían un clip de titanio para cerrarlo. Entonces, ¿tendrá un clip de metal allí por el resto de su vida? ¿Qué pasa si la cirugía no funciona? ¿Qué pasa si ella no puede soportar la cirugía? Y si...*

"Traten de relajarse, mamá y papá, ella está en buenas manos", dijo el Dr. Jon. La UCIN tenía una sala de cirugía que usaban para situaciones críticas, por lo que la cirugía se realizaría en el mismo piso. Transferir a Emma a otro piso quirúrgico hubiera sido demasiado para ella.

- Mamá, ¿te gustaría ayudar con su traslado? Esto te dará la oportunidad de abrazarla durante unos minutos mientras lo haces. Mi corazón se llenó ante la idea de poder tocar y sostener a mi pequeña, aunque solo fuera para ayudar.

- Claro que sí, ¡me encantaría mucho!

A la mañana siguiente, llegamos a la UCIN esperanzados y aterrorizados. *Esta cirugía puede salvar la vida de nuestro bebé.*

Pero esta cirugía también puede matarla. Intenté no pensar en esto último, traté de mantenerme positiva. Hablé con todas las enfermeras de Emma, solicitando sus conocimientos y experiencia en el tema. Todos nos aseguraron que esta era la decisión correcta que podría ayudar a Emma a prosperar. Me aferré a las vibraciones sanadoras que nos enviaban todos los que sabían a lo que nos enfrentábamos, tenía fe en Emma, sus médicos, el cirujano y su equipo médico. Nos enviaron oraciones sin parar. Quería creer tanto que nuestra fe y en lo que yo creía nos ayudaría. Mi mamá, mi papá, mi hermana, el papá y la madrastra de Danny vinieron con nosotros para apoyarnos. Esperaron en la sala de estar para padres mientras entramos a ver a nuestro pequeño amor. Al entrar, vimos que la habitación de Emma estaba llena con su equipo médico: director de la UCIN, neonatólogos, terapeutas respiratorios y enfermeras, y luego estábamos nosotros. Se necesitaron ocho personas para ayudarnos a trasladar a Emma de su Isolette a la Isolette de viaje que necesitaba para llegar a la sala de cirugía donde la estaría esperando otro equipo de cirujanos y asistentes médicos.

"Ok, mamá y papá, aquí está el plan: vamos a desconectar a Emma de la máquina de respiración y la empaquetaremos (o la ventilaremos manualmente) y la colocaremos sobre tu pecho por unos minutos para que puedas darle un poco de amor antes. La instalamos en la Isolette de viaje y la llevamos a cirugía donde la prepararán el resto del camino". Parecía un ciervo atrapado por los faros y solo asentí, estaba increíblemente asustada. No quería lastimar a mi bebé ni dañar nada. Ella estaba conectada a cables, vías intravenosas y cables a través de todos los espacios abiertos de su pequeño cuerpo. Se habían quedado sin venas para usar en su frágil cuerpo (la mayoría de ellas estaban rotas por tanto uso) que incluso tuvieron que colocar una de las intravenosas, que estaba siendo utilizada para antibióticos para prevenir cualquier infección, en su cabeza. Parecía tan pequeña y tan frágil en el centro de todo; ella debió haber estado tan asustada como yo. El equipo la recogió de su Isolette con el mayor cuidado posible, los cables ahora conectados a todo tipo de máquinas portátiles. Contuve la respiración todo el tiempo mientras el equipo me ayudaba a colocarla sobre mi pecho, y luego, allí estaba ella, recostada sobre mamá, frágil y diminuta, abrazándome con sus diminutos bracitos que descansaban perfectamente sobre mi pecho. Todo su cuerpo estaba entre mis senos, su cabeza estaba sobre mi clavícula y sus piernas caían justo por encima de la parte inferior de mis senos. Cuando miré hacia abajo, mi barbilla tocó la parte superior de su cabeza, parecía sin vida y cansada. Traté de contener las lágrimas, pero una gran cantidad de sentimientos y emociones me invadían. *Te quiero mucho, monkey, tienes que salir adelante por nosotros. Tienes que luchar, mi pequeño amor, solo tienes que luchar.* Yo besé su cabeza mientras su terapeuta respiratorio continuaba embolsándola detrás de mí, todos me miraban, así como todos los monitores, para asegurarse de que estaba bien. Danny se acercó a mí y la acarició también, dándole besos en su cabecita. "Te amamos, Emmy. Por favor, tienes que superar esto". Tomamos algunas fotos de este momento, no queríamos dejarla ir, pero pronto llegó el momento de devolverla; con la ayuda del equipo médico, acosté a Emma en la Isolette de viaje, le di un último beso y me despedí de mi pequeño amor. El equipo médico la sacó rápidamente de allí, y allí nos quedamos, Danny y yo, sin saber si volveríamos a ver a nuestra bebé con vida.

Danny y yo volvimos a la sala de espera en el piso de la UCIN para encontrarnos con nuestra familia. La habitación quedó en silencio cuando entramos. "¿Cómo te fue? ¿Cómo está ella?", todos preguntaron. "Simplemente la acogieron; ella tiene que salir adelante, simplemente tiene que hacerlo". Me senté en un rincón de la habitación en un sillón, mis senos estaban a punto de explotar y necesitaba extraerme la leche. Danny le pidió a Lori, una de las enfermeras de Emma, un extractor de leche de Medela, que normalmente usaba cuando necesitaba sacarme leche mientras estaba en el hospital y amablemente me trajo uno. Me senté allí, me dolía el corazón y latía con fuerza.

El tiempo viajó en cámara lenta, le pedimos a Lori, que estaría en la sala de cirugía, que por favor nos mantuviera informados lo mejor que pudiera, y eso fue lo que hizo. Después de un tiempo, salió con una actualización:

- Emma tuvo un pequeño episodio. Es posible que haya recibido demasiada anestesia y se detuvo por un segundo, pero ahora está bien.

- ¿Qué quieres decir con "se detuvo"?, preguntamos.

- Tuvo espasmos por un segundo. Puede pasar, pero ella está bien.

Mi corazón literalmente se detuvo.

- ¿Entonces quieres decir que dejó de respirar en la mesa de operaciones?

- No se preocupen, mamá y papá, ella está bien. Todo se ve bien ahora; tengo que volver allí. Volveré con otra actualización ya que tenga una.

Como si no estuviera preocupada ya lo suficiente, esto me envió al límite. No podía respirar. No estaría bien hasta que supiera que todo había ido bien y que mi bebé estaba fuera de la cirugía. Ni siquiera podría decirles cuánto tiempo pasó porque para mí se sintió como una eternidad, pero un tiempo después, Lori volvió con más actualizaciones:

- Emma está fuera de cirugía. Todo salió bien y el médico vendrá a hablar contigo en breve una vez que Emma esté bien y descansando.

- ¡Gracias a Dios! ¿Cuándo podemos verla?

- Una vez que esté de vuelta en su habitación y descansando.

El tiempo entre la última actualización y que pudimos ver a nuestra hija se sintió interminable, pero finalmente pudimos verla. Estaba acostada boca abajo porque le habían hecho una incisión en la espalda y había cinta quirúrgica blanca que cubría el sitio quirúrgico.

- Hola, amorcito, mamá y papá están aquí -le dije mientras las lágrimas corrían por mi rostro-. Lo superaste, pequeño amor. ¡Lo superaste, mi pequeña luchadora! Nos sentamos junto a nuestra hija durante mucho tiempo, observándola respirar, con la esperanza de que pudiera sentirnos. Luego, el Dr. Jon entró en la habitación.

-Todo salió bien allí. No pudimos cerrar completamente

su PDA, permanece un poco abierto, pero con el tiempo, debería cerrarse completamente por sí solo; no debería afectarla. Asentimos, emocionalmente agotados. En este punto, nos alegramos de que nuestro bebé sobreviviera a la cirugía. Tendríamos que tomarlo un día a la vez y esperar que con el tiempo, reúna más fuerzas para seguir luchando.

El 9 de junio, nuestro bebé alcanzó oficialmente la marca de las dos libras y celebramos un gran acontecimiento. En la UCIN y para los microbebés prematuros, cada onza cuenta. Cada mes después de eso, se ganó una nueva libra, de forma lenta pero segura. El 11 de julio, sesenta y nueve días después de que Emma nació, pude sostenerla, cargarla y tener contacto piel con piel por primera vez con mi bebé. Había esperado pacientemente por tanto tiempo este momento, tratando de mantenerme lo más positiva posible, tratando de estar ahí para ella de todas las formas posibles: cambiándole pañales, tomándole la temperatura, dándole bolos, observando cómo la bañaban en un pequeño contenedor de hospital rosado, tratando incansablemente y con la esperanza de amamantarla, pero sin importar lo que hiciera, no me había sentido como una verdadera madre. Pero ahora, había llegado el día en que finalmente podría abrazarla realmente, y ella podría sentir mi amor.

La enfermera y el terapeuta respiratorio de Emma ayudaron a hacer la magia. Me senté en un sillón con una bata de hospital mientras la sacaban de su Isolette, con cuidado colocaron todos los cables y máquinas en su lugar para que pudiera acostarse fácilmente sobre mi pecho. Y luego, sucedió el mejor momento del mundo: pude abrazar a Emma por primera vez, como una verdadera madre, piel con piel. Había cinta adhesiva por todos lados y bajo mi bata, sosteniendo el tubo de respiración en su lugar, todo tipo de cables saliendo de ella y de mí y su tubo NG cuidadosamente pegado con cinta adhesiva. Fue todo un proceso, pero no me importaba. Finalmente estaba sosteniendo a mi bebé. "Hola, princesa Emma. Es mami, pero sé que eso ya lo sabías. Es tan bueno poder finalmente abrazarte, mi pequeño amor." Y se acostó en mi pecho mientras la cargué durante las próximas dos horas. Danny estaba sentado a mi lado viendo como la amaba con tanta fuerza que las lágrimas corrían por mi rostro. Fue un momento perfecto, los tres juntos, sintiéndonos increíblemente agradecidos por este hermoso momento.

Los días, las semanas y los meses seguían pasando, cada día estaba lleno de un nuevo evento. Emma finalmente estaba creciendo, y cuanto más crecía, más cerca nos sentíamos de poder traerla a casa. Pero no importaba cuánto creciera en tamaño, no podríamos llevarla a casa a menos que pudiera ser extubada (fuera del respirador). A mediados de agosto, se tuvo la discusión sobre una traqueotomía, esperábamos no tener que llegar a ese punto, no queríamos que nuestro bebé sufriera más dolor, pero no podía permanecer intubada por mucho más tiempo; estaba dañando sus pulmones.

A fines de agosto, después de un período increíblemente difícil de medicamentos, infecciones, líneas PICC, reanimaciones y de probar todas las formas diferentes para extubar a Emma, finalmente lo logramos. Después de casi cuatro meses de estar intubada, Emma finalmente pudo respirar sin el tubo que le bajaba por la garganta y pudo hacer la transición a una cánula nasal para apoyo de oxígeno. Esto significaba que ahora podía cargar a mi bebé cuando quisiera sin tener extra cuidado con el respirador conectado a ella, que nos impedía recibir amor y abrazos adicionales. Ahora solo necesitábamos que Emma se alimentara lo suficiente sin la ayuda de una sonda nasogástrica, lo que iba a ser increíblemente difícil.

A mediados de septiembre, habíamos estado en la UCIN durante 135 días, Emma pesaba seis libras y no estaba ni cerca de poder alimentarse sola. Fue entonces cuando se nos presentó el tema de colocar una sonda de gastrostomía. Si Emma no pudiera llegar a un lugar donde pudiera alimentarse por vía oral, la única forma en que podríamos llevarla a casa sería con una sonda de alimentación. A pesar de lo difícil que fue tomar la decisión de someter a nuestro bebé a otra cirugía, a fines de septiembre, sin ninguna mejoría, se decidió que Emma necesitaba ir a casa. Tal vez, una vez que estuviera en casa, prosperaría mejor, entonces, programamos una colocación de gastrostomía para el 4 de octubre. La cirugía fue un éxito, y tan difícil como fue tomar esa decisión, esto significaba que nuestra bebé estaba a un paso más cerca de ir a casa. El hospital hizo todos los arreglos necesarios y nos capacitó a Danny y a mí sobre cómo cuidar a nuestro bebé mientras regresaba a casa con oxígeno, un tubo de alimentación, un monitor de apnea, una lista de una veintena de medicamentos diarios y diagnósticos de displasia broncopulmonar (DBP), anemia del prematuro y retraso de crecimiento. Emma tenía un largo camino por delante, pero confiábamos en que en casa estaría bien cuidada y podríamos hacer que prosperara. Un día a la vez.

Antes de volver a casa, nos pidieron que pasáramos la noche en el hospital, solo una noche, con fines de capacitación. Las enfermeras observaban mientras hacíamos su trabajo, el trabajo que haríamos solos una vez que estuviéramos en casa, para asegurarse de que estábamos lo más preparados posibles para el viaje que teníamos por delante. Observaron y estuvieron allí para brindar apoyo y responder todas y cada una de las preguntas que teníamos, que eran muchas. Éramos un manojo de nervios y temíamos tener que hacerlo todo sin la ayuda de las personas que se habían convertido una parte de nuestra vida diaria, nuestra tribu, nuestro apoyo. Fue una noche agotadora por decir lo menos, pero nos preparó un poco para lo que estaba por venir. Estábamos listos.

El 10 de octubre de 2012, después de uno de los momentos más difíciles de nuestra vida, exactamente 160 días después de dar a luz, Danny y yo finalmente pudimos llevar a nuestro bebé a casa. Nuestros médicos, terapeutas respiratorios y enfermeras (incluso las que tenían el día libre), la tía Susan y la tía Ashley vinieron a despedirnos. Mi madre, mi mayor apoyo, la que se sentaba a mi lado día tras día, estaba allí para ayudarme una vez más. Vestimos a Emma con un hermoso traje color espuma de mar que mi mamá había tejido a ganchillo especialmente para la ocasión, me pusieron en una silla de ruedas como todas las madres primerizas y me sacaron como una madre primeriza orgullosa, con Emma en mis brazos. Danny, mi mamá y el equipo médico de Emma estaban todos a mi lado. El padre de Danny detuvo nuestro auto y nos esperó mientras salíamos. Fue el momento más increíble. Y aunque no salíamos del hospital con un bebé perfectamente sano, ella era perfecta para nosotros.

Bienvenida a casa, pequeña

Emma era una luchadora. Pude ver su voluntad de aprender,
solo necesitaba ayuda adicional

La vida después de dejar la UCIN tuvo algunos de los momentos más difíciles para Danny y para mí como padres, no había más enfermeras a las que acudir cuando teníamos miedo, cuando sonaban las alarmas o cuando necesitábamos un descanso. Una vez en casa, estábamos solos y había mucho que hacer, aprender y procesar. Sí, Emma finalmente había regresado a casa del hospital, pero trajimos a casa no solo a nuestra hija sino también a un mini hospital.

Armamos la habitación de Emma con todo el equipo: tanque de oxígeno, uno enorme que parecía uno de esos tanques de helio que ves en Party City; una bomba de alimentación tipo canguro que el hospital había ordenado para nosotros; un monitor de apnea, en caso de que (Dios no lo quiera) dejara de respirar; un pulsioxímetro, para poder vigilar en todo momento su frecuencia cardiaca y oxigenación; tablas de medicamentos, para los más de 15 medicamentos que estaba tomando y una cámara, para tranquilizarnos.

El plan era que Emma durmiera en su habitación porque ahí es donde estaba instalado su equipo, pero las primeras noches no pudimos hacerlo. No solo teníamos miedo de dejarla sola, sino que necesitábamos a Emma lo más cerca posible de nosotros. Entonces, creamos un espacio temporal en nuestra pequeña habitación con un moisés portátil que habíamos comprado meses antes y todo el equipo que necesitaba. Danny y yo nos turnamos para levantarnos y ver cómo estaba, preparar sus alimentos y darle medicamentos. Esto funcionó la primera semana, pero nos estábamos agotando. Después de la primera semana sin dormir, apenas estábamos funcionando. Las alarmas sonaban cada pocos minutos, lo que hacía imposible que ninguno de los dos pudiera dormir.

Estábamos exhaustos, no estaba funcionando, a la semana siguiente, decidimos probar otra cosa; volvimos a poner a Emma en su habitación y nos turnamos para quedarnos allí con ella, cuatro horas cada uno. Danny tomó el primer turno, de 11:00 p. m. a 3:00 a. m. y yo, el segundo turno, de 3:00 a. m. a 7:00 a. m. pero tampoco funcionaba; no dormíamos mucho y Emma tampoco. Entre batallar con ella cada dos horas para cambiarle el pañal, darle medicamentos, enchufarla en la máquina de alimentación, cambiarla de ropa después de que vomitaba todas las noches debido a su GERD y volver a colocar cinta adhesiva en su cánula nasal de oxígeno porque seguía tirando de ella; todos estábamos exhaustos. Esto continuó durante más de dos meses, y debido a que Emma tenía que estar en cuarentena y en el ambiente más estéril debido a su sistema inmunológico débil, no podíamos tener gente que nos ayudara. Todos y cada uno de los visitantes que tuvimos, incluidos nuestros padres, tuvieron que ser vacunados con una vacuna contra la gripe y una vacuna Tdap, de lo contrario, no podrían estar cerca, Emma.

Después de casi tres meses de noches de insomnio, por la gracia de Dios y la increíble trabajadora social con la que trabajamos en la UCIN, finalmente íbamos a recibir ayuda. A través del hospital, nos conectaron a un servicio de salud en el hogar que enviaría una enfermera de relevo durante ocho horas al día para ayudar con Emma y darnos un poco de alivio. Pasamos por un proceso de entrevista y entrevistamos bastante a algunas enfermeras hasta que encontramos una con la que nos sintiéramos cómodos. Teníamos la opción de elegir el horario para ella, y lo que creímos era lo mejor fue darle el turno de noche. Entraría a las 11:00 p.m. y se iría a las 7:00 a.m. de lunes a viernes. Las primeras semanas fueron difíciles al tener que acostumbrarme a tener a alguien en nuestra casa y confiarle a nuestra hija. Todavía no podíamos dormir mucho. Si no fui yo, fue Danny revisando la cámara cada hora. Pero día a día, aprendimos a soltarnos un poco y confiamos en el proceso. Tener una enfermera nocturna nos estaba finalmente dando un poco de sueño, y también, la oportunidad de funcionar para poder cuidar mejor a nuestra hija durante el día. ¡Fue una bendición!

Máquinas médicas, medicamentos, vómitos y días largos y agotadores fueron mi vida durante los siguientes más de dos años. Si quería ir a algún lado, llevaba un tanque de oxígeno portátil, un monitor de apnea y jeringas de alimentación portátiles a todos lados. Los guardaba en el auto si conducía o en la carriola si alguna vez salía con ella, lo cual era raro, especialmente después de una amarga experiencia que había tenido en una de mis salidas. Un día, decidí llevar a Emma conmigo a comprar un vestido para una boda que teníamos próximamente. "Solo ve nena", Danny me animó mientras dudaba. "Nada va a suceder; estarás bien." Seguí su consejo y cargué a Emma en el auto junto con un cochecito y todas sus máquinas. Acababa de entrar al centro comercial y estaba a punto de entrar a una tienda cuando las máquinas de Emma comenzaron a sonar, esto sucedía con frecuencia, así que no estaba demasiado preocupada. Me detuve rápidamente, miré el oxímetro de pulso, bajé la alarma y seguí caminando. La alarma volvió a sonar, esta vez ya estaba en la tienda y la gente empezó a mirarme, pero yo seguí haciéndome. De nuevo, miré el oxímetro de pulso, y cuando todo parecía estar bien, silencié la máquina. Cuando la máquina se apagó de nuevo, una señora me gritó: "¿Qué haces con ese bebé, de compras? ¿No deberías estar en un hospital? ¡Qué madre egoísta!" Estaba avergonzada y sentí pena, luego culpa. *¿Qué estoy haciendo de compras? ¡Soy una madre terrible!* y salí corriendo de allí, con lágrimas corriendo por mi rostro. Lloré todo el camino a casa. Me habían avergonzado como mamá, y en cualquier otro momento habría respondido algo. Habría dicho: "Mi bebé está perfectamente bien, tal vez la próxima vez, en lugar de gritarle a un completo extraño, ¡puedes preguntar si estamos bien!", pero ya era tan vulnerable que instantáneamente me dolió y me avergonzó. No hace falta decir que no volví a ir de compras al centro comercial durante mucho tiempo.

Me quedé mucho en casa en esta época, a menos que fuera absolutamente necesario para mí salir. No solo me consumía mucho tiempo y era agotador llevar a un bebé y su equipo médico a todas partes, si no que fue mentalmente estresante. Obviamente sabía cómo cuidar a mi hija y tenía control sobre las cosas, pero las miradas, los comentarios en voz baja y el juicio de los demás hicieron que fuera muy difícil para mí querer estar sola en público. De vez en cuando, cuando Danny salía temprano del trabajo durante la semana o los fines de semana, llevábamos a Emma a caminar a la playa para tomar un poco de aire fresco y ver la puesta de sol. Organizaríamos un picnic familiar y la dejaríamos rodar y jugar. A ella siempre le encantó eso, esta podría ser la razón por la que ahora también le encanta ver la puesta de sol.

Emma comenzó a recibir servicios de terapia a través del centro regional para ayudarla con su desarrollo poco después de regresar a casa de la UCIN. Recibió terapia ocupacional, terapia de intervención temprana, terapia oral, fisioterapia y terapia del habla. Cada uno vino a nuestra casa una vez a la semana durante una hora, se sentó en la alfombra rosa de Emma en su habitación y le enseñó nuevas habilidades todos los días a través del juego. Me senté en cada sesión, tratando de absorber toda la información que pude para que cuando los terapeutas no estuvieran cerca, yo también pudiera continuar enseñando a Emma y ayudarla a prosperar. Tomé notas, hice preguntas y aprendí habilidades que nunca pensé que necesitaba, solía pensar que los niños simplemente sabían qué hacer. Que el desarrollo era un proceso que sucedía naturalmente, sin tener que enseñarlo. Pero nuestro caso no fue así, Emma tuvo que aprender a hacer las habilidades básicas que naturalmente no desarrolló. Y mi único objetivo era hacer que mi hija prosperara.

Fue un proceso largo, por decir lo menos, pero un día a la vez comenzamos a ver progreso. Emma pasó de ser un bebé flácido y débil a uno más fuerte cada día. De repente, pudo sentarse sola y alcanzó las cosas, estaba un poco más coordinada. Debido a sus limitaciones con los cables y la sonda de alimentación, Emma nunca pudo pasar el tiempo boca abajo y nunca gateó, a pesar de que trabajamos mucho para lograr que lo hiciera. Pero con el tiempo, empezó a moverse sobre su trasero como lo hacen la mayoría de los bebés. Emma era una luchadora, pude ver su voluntad de aprender, solo necesitaba ayuda adicional. Hubo días en que se frustró y no quería tener nada que ver con sus terapeutas, y aunque no se expresó

abiertamente, se hizo entender. Su personalidad definitivamente
salió a la luz. "Ok, Emma", su terapeuta decía mientras Emma
le arrojaba juguetes: "Veo que hoy no estás de humor". Pero la
mayoría de las veces, Emma estaba dispuesta a aprender. Cuando
no hablaba durante mucho tiempo, encontramos otras formas
de enseñarle a comunicarse. El primer idioma de Emma fue
en realidad el lenguaje de señas. Había tomado algunas clases
de ASL en la universidad y pensé, ¿por qué no? Junto con su
terapeuta ocupacional, le enseñamos a hacer señas. Mi bebé
estaba trabajando duro y empezábamos a ver resultados.

Érase una vez, mientras estaba en la UCIN, nos dijeron que
Emma tendría un retraso en el desarrollo, no sabían cuánto, pero
necesitaría ayuda durante mucho tiempo. No quería creer esto,
y mientras tuviera algo que decir, haría todo lo que estuviera
a mi alcance para cambiar ese resultado. Aunque le tomó un
poco más de tiempo, mi hija eventualmente aprendió a hablar:
"Dadda" fue su primera palabra; "mamá" vino poco después, era
música para nuestros oídos. Balbuceó y balbuceó hasta que pudo
formar oraciones completas. Una vez que logramos desensibilizar
sus manos y la parte inferior de sus pies, comenzó a caminar.
Primero con la ayuda de un andador y finalmente sola. Ese fue
su momento brillante; incluso se aplaudió a sí misma como
nosotros aplaudimos por ella. No había forma de detenerla
ahora; y estábamos disfrutando cada momento, cada paso del
camino. Las cosas que la mayoría de la gente daba por sentadas,
tuvimos que trabajar muy duro para lograrlas, pero íbamos en la
dirección correcta. Nunca olvidaré el día que Emma comió por
primera vez.

Habíamos estado trabajando con el terapeuta bucal de
Emma durante más de un año, estimulando y desensibilizando
la boca de Emma, y un día sucedió. Hice el puré de camote
favorito de Emma y aunque le tomó treinta minutos, se lo
comió todo: una cucharada entera del puré de camote casero
de mamá. Celebramos ese día como ningún otro; ¡nuestro bebé
comió comida real! Nunca he vuelto a mirar una cucharada o
una batata de la misma manera. Emma finalmente se transfirió
de los servicios en el hogar a terapias en el centro, y fue

entonces, cuando ella comenzó a prosperar aún más. Quizá fue porque vio a otros niños o porque era un ambiente diferente con más para ver y gente con quien jugar o una combinación de todo, pero poco a poco fue logrando sus metas. Le encantaba ir al Centro de Napa para recibir fisioterapia porque tenían una carrera de obstáculos gigante y tenía más libertad para "jugar". Su logopeda siempre tenía una sorpresa para ella también. Y en Brite Kids, pudo ver a su OT favorita, Marlyna. "Todo hecho OT, todo hecho OT, todo hecho OT; nos vemos la semana que viene", cantaba todo el camino a casa. Desde el punto de vista del desarrollo, ¡nuestro bebé estaba prosperando y feliz!

En cuanto a la salud, Emma luchó mucho, no mucho tiempo después de regresar a casa de la UCIN, regresaba al hospital una y otra vez, al menos una vez al mes. Una de estas veces casi nos cuesta la vida. La mayoría de las otras estadías en el hospital se debieron a sus pulmones subdesarrollados y a una enfermedad pulmonar crónica. Emma era muy susceptible a las infecciones y a los gérmenes y resfriados de otras personas. Emma podría coger un ligero resfriado que instantáneamente se convertiría en neumonía e iríamos al hospital. Cada estadía solía durar una semana. Pasábamos noches sin dormir en las habitaciones del hospital, tranquilizándola para que se durmiera, diciéndole que casi había terminado. "Tienes que ser fuerte y luchar contra esto, pequeño amor", fue todo lo que pudimos decir, una y otra vez hasta que se durmiera con lágrimas en los ojos. Fue tan duro para ella, luchó mucho para respirar y por lo general necesitaba oxígeno adicional. Fue duro para nosotros verla sufrir tanto y llorar de dolor, sus venas ni siquiera se habían regenerado de la UCIN antes de que ya la pincharan y pincharan de nuevo. Temíamos las vías intravenosas y, por lo general, teníamos que pedirle a una de sus enfermeras de la UCIN que comenzara una porque ya estábamos familiarizados con sus diminutas venas hinchadas. El hospital ya nos conocía a nosotros y al largo historial médico de Emma, así que eso ayudó, pero con cada internación mi bebé sufría una y otra vez.

Eventualmente, a su debido tiempo, retiramos a Emma de las máquinas médicas una por una. Primero, fue su oxígeno;

nuestro bebé finalmente pudo respirar sin asistencia de oxígeno. Nuestras oraciones de sanación estaban siendo respondidas. Luego, después de algunos estudios de sueño con grandes números, sus médicos le quitaron el monitor de apnea. Y tres años después de que se la colocaron, dos veces, le quitaron la sonda de alimentación. Trabajamos muy duro para lograr que nuestra bebé comiera sola y finalmente sucedió; ella estaba prosperando. El oxímetro de pulso lo guardamos durante mucho tiempo porque teníamos demasiado miedo de no escuchar el corazón de Emma y tomábamos los números de oxigenación constantemente, pero ¡finalmente, nuestro bebé estaba sin cables en su pequeño cuerpecito y podíamos sostenerla y jugar con ella como cualquier otro niño!

★★★

Desearía poder decir que Emma está completamente curada hoy, pero lamentablemente ese no es el caso. Tuvo que someterse a algunas cirugías más después de que se le reventaran los tímpanos y los problemas con el tubo de alimentación. Ha tenido muchas más hospitalizaciones debido a su enfermedad pulmonar y dificultades para respirar. Ha tenido un estudio del sueño tras otro para tratar de descubrir por qué deja de respirar durante la noche. Ha tenido muchos procedimientos para tratar de curar sus problemas intestinales y descubrir por qué sus cuerdas vocales están tan dañadas. Ha tenido una cantidad increíble de pruebas, inyecciones y laboratorios para que prospere y crezca. Y nosotros, así como su cardiólogo, tenemos que estar muy atentos a su corazón, ya que nos ha asustado un par de veces.

Emma continúa viendo a un patólogo del habla que la ayuda con su trauma de las cuerdas vocales (por la intubación) y le enseña técnicas sobre cómo respirar adecuadamente, porque incluso eso es algo que ella continúa aprendiendo a hacer. Actualmente, ella ve a médicos de cardiología pulmonar, gastroenterología, endocrinología y genética, así como a un médico primario mensualmente para que prospere y crezca de la manera en que debe hacerlo. He pasado noches sin dormir al lado de la cama de mi hija, preocupándome mientras lucha por respirar. La he visto en picos de fiebre que la han dejado flácida y letárgica. Me despierto la mayoría de las noches para ver cómo está mientras duerme, solo para asegurarme de que no se ha olvidado de respirar.

La vida de un bebé prematuro no termina el día que sale de la UCIN.

La vida como padre de un bebé prematuro es interminable.

Aún así, Nosotros

¡Por no envejecer ni ser gruñones!

A pesar de lo estresante que era nuestra vida con la salud de Emma, los diagnósticos, las visitas al hospital y la paternidad en general, Danny y yo siempre encontramos una manera de conectarnos, de hacer tiempo al final del día y no perdernos el uno al otro. Porque algunos días, se sentía como si estuviéramos viviendo dos vidas separadas. Su vida mayormente en el trabajo y la mía en casa, cuidando a Emma.

Ser ama de casa era un trabajo que fácilmente me consumía. Me resultaba difícil pensar en otra cosa que no fuera Emma, la casa, las responsabilidades y todo lo demás. Pero Danny fue genial al recordarme que todavía importamos. Nuestro matrimonio también era importante y debíamos hacer tiempo para nosotros. "¿Qué pasará el día que Emma crezca, decida construir una vida propia y se mude?" -dijo-. "Todavía nos tendremos el uno al otro, pero solo si seguimos construyendo y nutriendo nuestro matrimonio". Tenía razón, sabía que tenía razón, pero me sentía tan abrumada y frustrada por estar atrapada en casa y no tener una vida, una vida social fuera de mi burbuja, que a veces no quería escucharlo.

"Entonces te quedas con Emma. Volveré al trabajo", le decía. Con el tiempo, me convencí, pero solo después de que solicité una noche libre. Un día, después de un día increíblemente duro en casa, estallé. Danny entró en la casa y se encontró con una mujer loca, abrumada y llorando. "Necesito un día libre", dije entre lágrimas. "Una vez a la semana necesito que vuelvas a casa temprano para poder irme. No me preguntes a dónde voy o qué estoy haciendo; ¡solo me voy a ir!

Danny me miró confundido: "Ok", "si esto ayuda" -dijo mientras giraba su dedo puntiagudo hacia mí-.

- Bueno, lo haremos.

- ¡Quiero todos los miércoles libres!

- *¿Por qué el miércoles?* Supuse que era la mitad de la semana y rompería mis días. No más esposa loca que se cae a

pedazos. Una vez que me calmé, le expliqué a Danny que me sentía increíblemente abrumada. "Necesito sentirme como una persona otra vez" -dije-,
y él estuvo de acuerdo. Entonces, los miércoles, Danny llegaba a casa temprano del trabajo, a las 4:00 p.m. y se ocupaba él solo de Emma, y yo tuve algunas horas para mí. A veces, todo lo que hacía era estacionarme al final de la calle en un estacionamiento vacío y escuchar música en la radio, otras veces llamaba a una amiga y me ponía al día, pero era mi momento. Y me hizo una mejor esposa y madre por ello.

Eventualmente, tuvimos un ritmo, algunas veces a la semana, al final del día, una vez que aparecía la enfermera y sabíamos que Emma estaba atendida, íbamos a la parte de atrás, tomábamos una copa de vino, nos poníamos al día y hablábamos de nosotros. Otros días, nos acurrucábamos en la cama y veíamos nuestros programas de televisión favoritos, ya sea The Voice o Chopped, hasta que nos quedábamos dormidos. De vez en cuando, si nos sentíamos cómodos, salíamos a cenar tarde a nuestro restaurante favorito, Gyu-Kaku Japanese BBQ, para disfrutar de su menú de hora feliz tardía. Nuestra vida estuvo llena del caos del trabajo, la paternidad y la crisis ocasional, pero en general, Danny y yo hicimos un gran equipo. Sabíamos qué batallas elegir y cuándo tirar la toalla. Sobre todo, nuestro matrimonio era tan importante como la vida de ser padres y nuestra hija. Y eso siempre nos mantuvo en marcha.

Durante seis años increíbles, Danny y yo hicimos de nuestro matrimonio una prioridad. No siempre ni a diario porque tuvimos muchos malos momentos y días infelices como cualquier otra pareja, pero siempre imaginábamos y hablábamos sobre la vieja y arrugada pareja que queríamos ser al final de este matrimonio. Cada vez que celebrábamos un aniversario y hacíamos un brindis, Danny siempre terminaba con un "¡Por no envejecer ni volvernos gruñones!", ese se convirtió en su brindis característico. Hablábamos al azar sobre lo que haríamos con nuestras vidas cuando envejeciéramos y nos jubiláramos.

- ¿Dónde quieres retirarte?

- San Diego, San Diego siempre pareció un lugar perfecto para mí.

- ¿Cuántos nietos crees que nos va a dar Emma

- Muchos, espero diez por lo menos; quiero ser una abuela genial –le dije, y él se rió–. Teníamos tantos planes para el futuro.

Aniversario

¡Salud, hasta los próximos 50!
Porque casarme contigo fue lo más inteligente que he hecho

El sábado 3 de octubre de 2015, Danny y yo celebramos nuestro sexto aniversario de bodas.

- ¿¡Puedes creer que llegamos a los seis años!? –pregunté-.

- Puedo. No puedes deshacerte de mí, primero tendrías que matarme. Hasta que la muerte nos separe, ¿recuerdas?

¡Seis años!, parecía que había pasado tanto tiempo desde que nos casamos, y como si hubiese sido ayer, todo al mismo tiempo. Nuestras vidas se habían vuelto tan ocupadas y tan consumidas con todas las terapias, las necesidades médicas, las cirugías y las hospitalizaciones de Emma que, a veces, nuestro matrimonio quedaba en un segundo plano, no intencionalmente, sino rutinariamente.

- Ok, mi amor -dijo Danny emocionado-. El jueves por la noche, he hecho planes para nuestro aniversario el sábado; es una sorpresa.

Reservé una niñera (abuelos) y la dejaremos mañana por la noche, para que podamos disfrutar de un día completo para nosotros. Todo lo que tienes que hacer es estar lista a las 10 a. m. del sábado, ponte algo casual".

Yo estaba emocionada, me encantaban las sorpresas de Danny. Él sabía lo mucho que significaba para mí cuando las personas dedicaban su atención, tiempo y esfuerzo a hacer que el día de otra persona fuera especial. Y definitivamente, este era uno de esos días especiales para mí. El viernes por la mañana, Danny me despertó con besos descuidados (no solo de él, sino también de Emma), abrazos y una inmensa cantidad de amor. Esta fue nuestra mini celebración familiar previa al aniversario, ya que dejaríamos a Emma en casa de mi madre más tarde ese mismo día y no la veríamos el día de nuestro aniversario. Juntos, él y Emma me entregaron el ramo más hermoso de rosas blancas (una de nuestras flores favoritas), un regalo bellamente envuelto y una tarjeta. Danny sabía cuánto amaba las tarjetas escritas a mano. He guardado y atesorado cada tarjeta que me dio, la tarjeta decía:

Érase una vez…
Prometí amarte para siempre y
estar a tu lado en las buenas y en las malas.
Fue la mayor promesa que he hecho.
Sin embargo, cada año,
a medida que se acerca la eternidad,
me sorprende lo simple que ha sido…
Porque casarme contigo fue lo más inteligente que he hecho.
¡Feliz aniversario!
Luego agregó:
Mi vida se ha hecho completa contigo
y nuestro monkey.
Estoy verdaderamente bendecido de tenerte como mi esposa.
Eres una gran esposa y madre.
Te amo más,
Tu esposo.

Estaba llorando al final de la tarjeta, no había mayor regalo para mí que sus expresiones escritas de amor, palabras que escribió en soledad, en su momento más vulnerable, directamente desde el corazón. No creo que Danny lo supiera, pero era un hermoso escritor. Tenía una habilidad con las palabras que no muchos tienen. Su amor y atención a los detalles y el esfuerzo que puso en todo lo que hizo fue hermoso para presenciar y ser parte de ellos. Esos sentimientos son mis posesiones de Danny más preciadas.

Más tarde esa noche, fuimos y dejamos a Emma en la casa de mis padres, Emma estaba emocionada de ver a Nana y viceversa. Estábamos emocionados de pasar un tiempo juntos, solos, algo que no sucedía a menudo. Salimos de la casa de mis padres, ansiosos por comenzar las celebraciones del aniversario, al llegar a casa, salimos al patio trasero, Danny encendió un fuego acogedor en la hoguera, abrimos una botella de vino tinto y nos relajamos por el resto de la noche. A las 10 a.m. del día siguiente, día del aniversario, estaba vestida y lista para salir. Danny dijo casual, así que usé pantalones cortos de mezclilla y una blusa colorida con hombros descubiertos. Informal, pero linda. Cuando salí, nos esperaba nuestro viaje: dos cruceros de playa. Comenzamos la mañana con un paseo en bicicleta de siete millas por el sendero detrás de nuestra casa hasta Seal Beach. ¡Qué manera tan divertida de comenzar el día!, pedaleamos con el sol besando nuestras caras, mientras charlábamos todo el camino:

    – ¿A dónde vamos?

    – Lo verás muy pronto.

Me encantó el suspenso y la emoción en su voz mientras intentaba sorprenderme. El camino era largo, así que de vez en cuando parábamos para tomar un trago de agua y pararnos por la vía fluvial con asombro de los peces voladores. Luego volvíamos a subirnos a las bicicletas y competíamos entre nosotros una y otra vez el resto del camino. Danny era un ciclista profesional y mucho mejor que yo. Cuando era niño, corría bicicletas BMX y también era un muy buen ciclista de motocross. Yo, en cambio, era un gato miedoso en bicicleta, ya que tuve una experiencia terrible cuando era niña: fui atropellada por un auto mientras andaba en bicicleta y eso me dejó un trauma. Tuve dificultades con los temblores y, por lo general, me tomó un tiempo acostumbrarme a la idea de la bicicleta. Danny lo sabía. De hecho, Danny me había regalado la linda y pequeña bicicleta playera rosa en la que viajaba, nuestra primera Navidad juntos después de que le conté mi historia sobre este miedo y mencioné que no había montado una bicicleta en años. Estaba decidido y prometió velar siempre por mí. Nunca rompió su promesa.

Nos tomó un par de horas (con todas las paradas) llegar a nuestro destino, *Schooner or Later* era un lugar de *brunch* realmente genial en el puerto deportivo de Long Beach que había querido probar durante un tiempo. Uno de mis antiguos jefes se entusiasmó con él durante años y nunca había tenido la oportunidad de ir. El lugar era conocido por su increíble menú de *brunch* y mimosas deliciosas. El único problema era que el lugar se llenaba y que no tomaban reservaciones, era por orden de llegada. Nuestro tiempo de espera fue de aproximadamente una hora, pero esta vez no nos importó tanto porque estábamos volando solos, ¡no bebé! Pedimos una botella de champán mientras esperábamos y luego nos sentamos en un pequeño banco con vista al puerto deportivo mientras repasábamos algunos de nuestros mejores momentos de los últimos seis años. Y por mucho que quisiéramos ser adultos y evitar hablar de bebés, Emma fue un gran tema de conversación.

Hablamos de lo orgullosos que estábamos de ella y lo lejos que había llegado, brindamos y nos abrazamos mientras hablábamos de nuestros planes para el futuro cercano con respecto al trabajo y algunos viajes que queríamos aprovechar ese año. También discutimos la idea de otro bebé, era algo que había estado en nuestros pensamientos por un tiempo; incluso habíamos discutido la idea con mi obstetra y ginecóloga, que también era especialista en fertilidad. Mi médico nos dio el visto bueno e incluso me dio una receta para los medicamentos que tendría que tomar cuando estuviéramos listos para empezar a intentarlo. Estábamos increíblemente asustados por todo lo que habíamos pasado en el departamento de bebés, pero teníamos esperanzas. Un saludable bebé podría estar en nuestro futuro, Teníamos muchas ganas de darle a Emma un hermano, tal vez el hermanito que siempre imaginamos que tendría.

Tuvimos una de las conversaciones más íntimas durante esa hora, que podría haber estado llena de irritación por tener que esperar tanto, pero en lugar de eso, realmente disfrutamos el momento. Era un hermoso día de principios de otoño, el sol brillaba y nuestro amor estaba fluyendo. Incluso, logramos hacer una pequeña sesión de fotos encantadora justo antes de que nos llamaran para informarnos que nuestra mesa estaba lista. Pedimos algo de comida deliciosa y brindamos un poco más mientras comíamos y charlábamos. Fue la fecha de aniversario perfecta, excepto por el hecho de que al final del *brunch* estábamos un poco borrachos y todavía teníamos que andar en bicicleta de regreso a casa, contra el viento. Nos reímos todo el viaje a casa, resoplando y resoplando mientras pedaleábamos lejos y más enamorados y llenos de felices endorfinas de lo que habíamos estado en mucho tiempo. Cuando llegamos a casa y guardamos las bicicletas, estábamos exhaustos.

- El día aún no ha terminado, pero ¿quieres tomar una pequeña siesta? –Danny sugirió–.

- ¡Por supuesto!

Nuestro objetivo era dormir la siesta, pero hicimos muy poco de eso.

Un par de horas más tarde, nos levantamos, nos duchamos y nos vestimos para nuestro próximo evento del día. Danny hizo reservaciones en un spa cercano en Long Beach para un masaje en pareja. Danny no era del tipo spa/masaje; para él, era muy intimidante estar desnudo y ser frotado por un extraño, pero sabía cuánto amaba los masajes. Yo pensé que fue muy romántico, me encantó lo abierto que siempre estuvo Danny para hacer cosas fuera de su zona de confort. Además, simplemente me amaba y quería hacerme feliz. Al entrar, el lugar tenía un aspecto un poco espeluznante; estaba increíblemente oscuro y decorado con muebles de terciopelo rojo y muchas figuritas doradas por todas partes. No se parecía al tradicional Burke Williams spas de espacio abierto en los que habíamos estado antes, nos miramos y nos encogimos de hombros. ¡Qué diablos!, pensamos y seguimos. A pesar de lo espeluznante que era el lugar y lo horribles que eran los masajes, Danny y yo salimos de ahí riendo y felices como almejas, estábamos pasando juntos un rato de intimidad increíble, algo que necesitábamos desde hacía mucho tiempo.

Después del masaje, volvimos a casa para lavarnos y vestirnos para la cena. Me encantan las cenas, especialmente las románticas en las que me arreglo y me siento mujer, algo que no consigo en mi atuendo diario de ropa para entrenar (pero sin el entrenamiento). Para la cena, me puse un sexy vestidito negro que me quedaba justo encima de la rodilla, sin un bebé que cuidar, no tenía que preocuparme por agacharme y mostrar más de lo que pretendía. Danny vestía su clásica camisa azul con botones, sus pantalones negros y zapatos de vestir negros. Se veía realmente guapo, me encantaba verlo vestido para mí, todavía sin saber a dónde nos dirigíamos, otra de las sorpresas de Danny, continuamos con nuestra velada. En el viaje en automóvil hacia allí, hicimos lo que mejor sabíamos hacer: karaoke con nuestros dúos favoritos. Nuestro favorito fue "Need You Now" de Lady Antebellum. Este era nuestro destino en todos los bares de karaoke, Danny lo cantaba con tanta emoción, que sus habilidades para el canto no importaban. Siempre fue un gran momento, y el Karaoke en el auto era como practicábamos nuestras habilidades. Finalmente llegamos y terminamos nuestra noche en Maggiano's Little Italy en Los Ángeles, uno de nuestros restaurantes italianos favoritos. El ambiente allí siempre fue perfecto: elegante pero informal, no demasiado exagerado donde sentías que tenías que susurrar entre sí para no molestar a otros clientes. Danny y yo no estábamos de humor de ser callados ese día; fuimos tontos y nos reímos más de lo que podíamos recordar haber hecho en mucho tiempo.

De manera similar a como lo habíamos hecho en nuestra primera cita oficial, pedimos una botella de vino tinto y algunos de nuestros platos favoritos para compartir: mariscos linguini para mí; y para él, su favorito, piccata de pollo y alcaparras extra. El restaurante nos trajo un delicioso postre de chocolate para celebrar nuestra velada, que devoramos rápidamente e hicimos un último brindis por nosotros. La velada había sido perfecta, llena de risas, sorpresas divertidas y, al contrario de lo que pensaba Danny, fue increíblemente romántica. Mi caballero de muletas brillantes me había dado justo lo que mi corazón necesitaba en un hito tan hermoso para nosotros. Después de la cena, nos dirigimos a casa, pusimos música country en el canal de música de la televisión y bailamos toda la noche.

- Feliz aniversario de bodas de seis años, nena; Te quiero.
- ¡Yo también te amo!
- ¡Salud, por los próximos cincuenta!
- ¡Salud, por no envejecer ni ser gruñones!

Para Siempre

Nunca había creído en los cuentos de hadas,
hasta que llegaste tú.
No eras un caballero de armadura brillante,
pero chico, ¡cambiaste mi vida!

Por un minuto mi corazón dudó,
al siguiente, supo que lo sostenías.
Tú estabas destinado para mí.
Yo estaba destinada para ti

Nuestra historia era como una película cursi,
de esas que vemos en la pantalla grande,
de las que no puedes dejar de mirar
porque sientes que te perderás lo importante.

Y al igual que en esas películas,
con cada capítulo que vivíamos juntos,
nuestro amor pasó por todas las estaciones.
No todo fue de color rosa.

Y aunque nuestra historia no terminó
de la forma en que los cuentos de hadas suelen hacerlo,
hay algo de lo que tengo certeza.
Mi verdad más absoluta.

Nuestro amor sobrevivió a lo inimaginable
y permanecerá con nosotros hasta el fin de los tiempos.
Soy tuya para siempre,
y tú eres por siempre mío.

1.

2.

3.

1. Pasé mi cumpleaños número 26 montando la Harley a lo largo de la costa y los acantilados de Palos Verdes, Ca.

2. Una de las muchas fiestas (épicas) de SpaceX a las que pudimos asistir.

3. 9 de enero de 2009, una de las únicas fotos que tengo de nuestro matrimonio secreto; nada lujoso, ¡pero simplemente perfecto!

Der. Esta fue la primera súper cita que gané; un crucero en góndola al atardecer por el puerto de Newport Beach.

Izq Esta es una de mis fotos de compromiso favoritas, tomada en las calles de Santa Mónica.
Der. Cuando el tiempo se detuvo.

Izq. 3 de octubre de 2009: la interminable caminata por el pasillo hacia el amor de mi vida, en nuestro día de la boda.
Der. El comienzo de nuestro "felices para siempre"

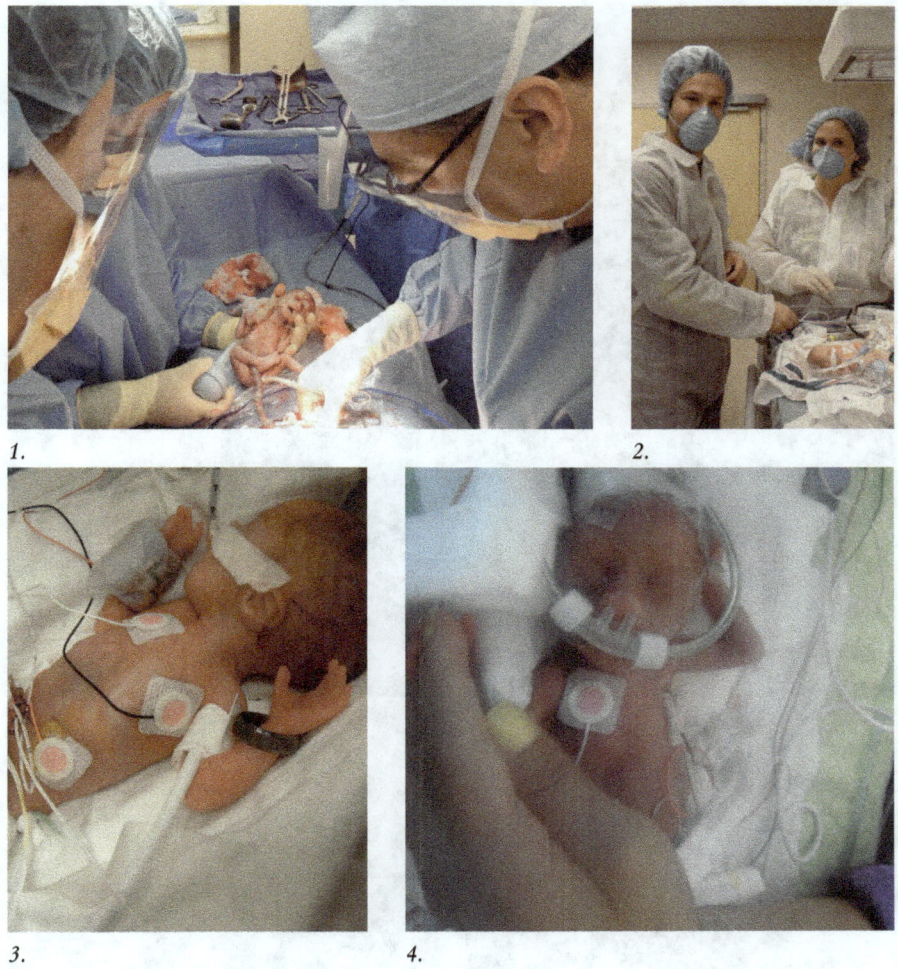

1.

2.

3.

4.

Izq. Dulce Espera en San Francisco tres días antes del nacimiento de Emma, sin imaginar lo que estaba por delante.
1. Contra todo pronóstico, nació nuestro pequeño milagro; 1 libra 2 onzas, 10 ¾ pulgadas.
2. Danny tuvo la oportunidad de cortar su cordón umbilical.
3. El anillo de bodas de papá en el brazo de Emma.
4. Emma era casi del tamaño de mi mano.

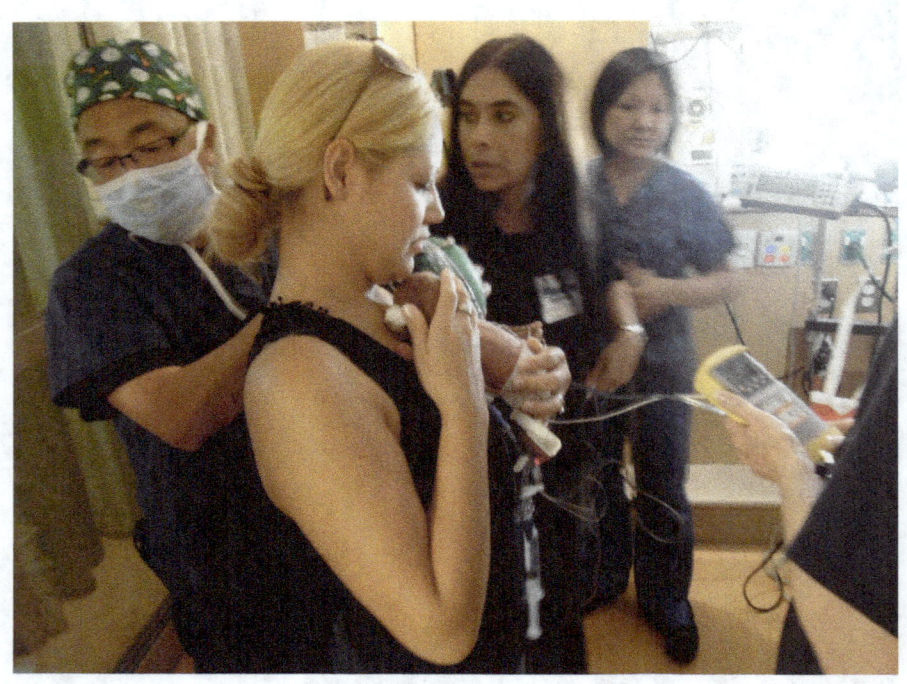

1.

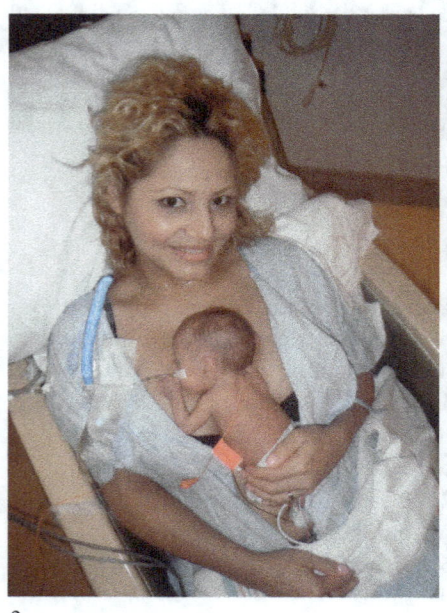

2.

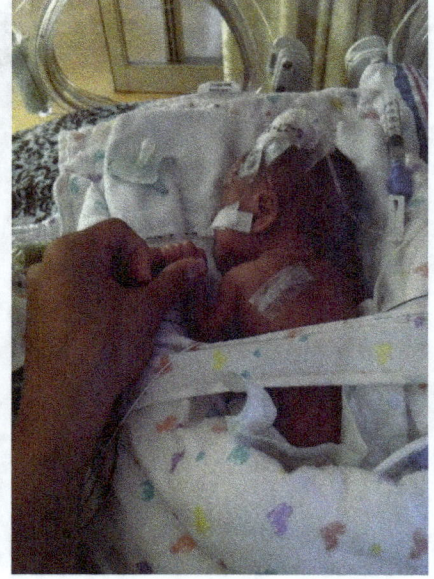

3.

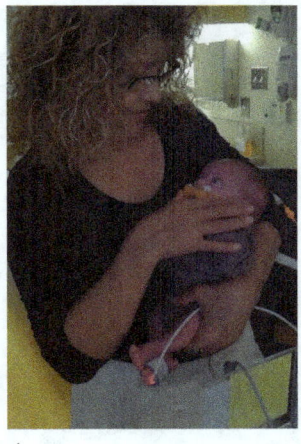

4.

5.

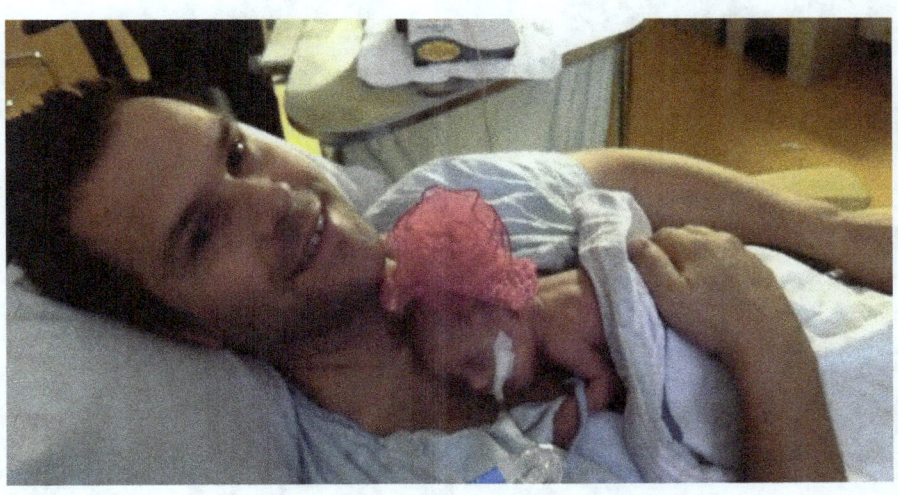

6.

1. Mami pudo sostener a Emma por unos segundos antes de que la llevaran a la cirugía.
2. 69 días después del nacimiento, mamá pudo cargar a Emma por primera vez.
3. Emma recuperándose después de la ligadura de PDA.
4. Nana amando a Emmy.
5. Papa Mike cargando a Emma por primera vez.
6. Celebrar el cumpleaños de papá abrazando a Emma por primera vez.

1.

2.

3.

1. Amor de mami y papi.
2. La cirugía fue un éxito.
3. Como una verdadera mamá, finalmente me sacaron del hospital en silla de ruedas con mi bebé en brazos, 160 días después.
4. La primera vez que Emma ve el mundo exterior.

1.

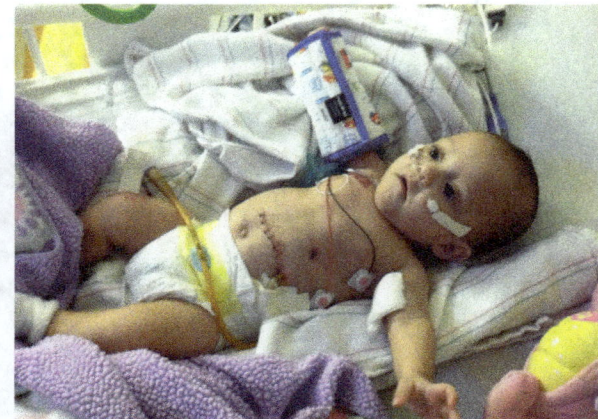

2.

3.

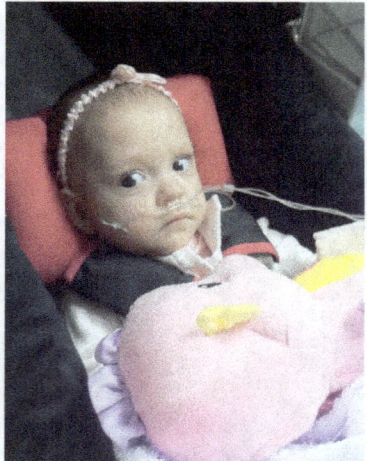

4.

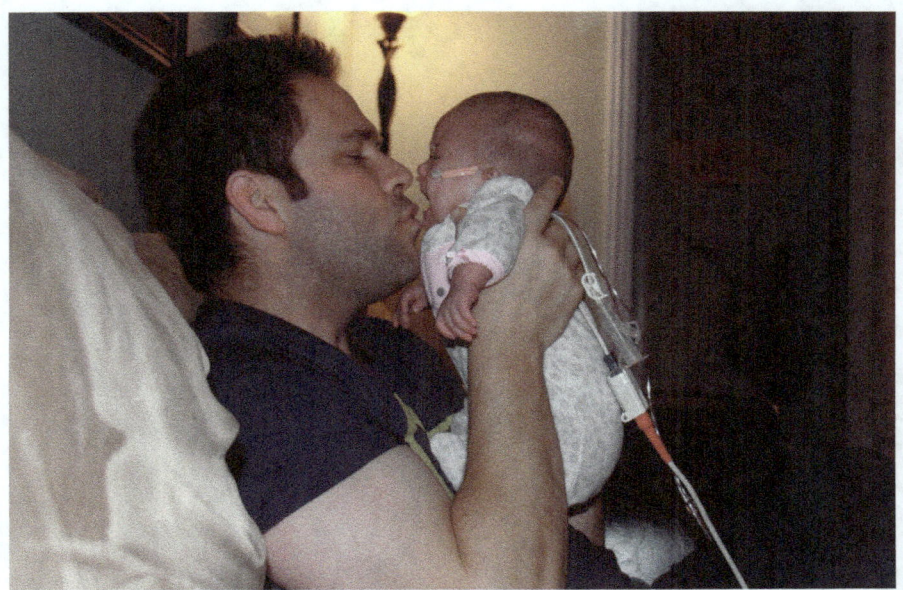

1. Nuestro primer picnic familiar en la playa para ver el atardecer.
2. Mi pequeño milagro sobrevivió a otra cirugía mayor.
3. Pasamos nuestras vacaciones entre la habitación del hospital de Emma y la casa de Ronald Mc Donald, al otro lado de la calle del hospital.
4. La personalidad de Emma estaba empezando a mostrarse.
Der. Finalmente estábamos en casa, otra vez

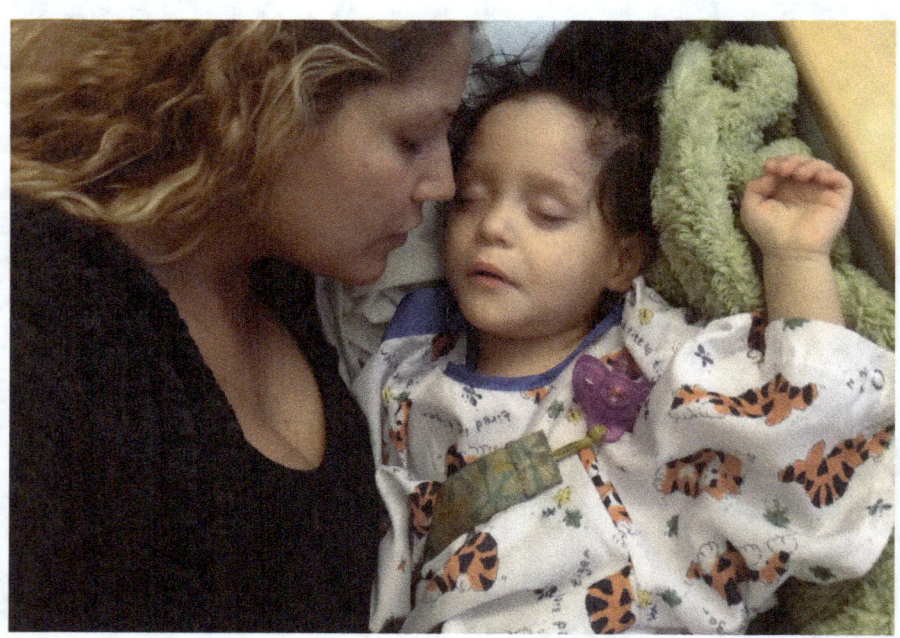

1.

2.

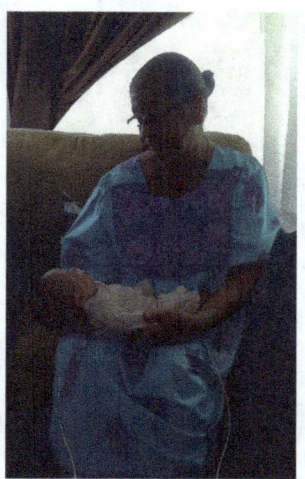

3.

1. Nuestro pobre bebé no pudo descansar
2. Danny tratando de distraernos y
ayudarnos a pasar el tiempo en el hospital.
3. Mami Celia y Emma.
Der. Bautismo de Emma.

1.

2.

3.

1. Recibimos las llaves de nuestra nueva
casa, que sigue siendo nuestra casa actual.
2. Graduación de Emma de Brite Kids,
intervención temprana.
3. El primer día de clases de Emma,
centro de aprendizaje total de Buffum.
Der. Visitas con la abuela Vi (Grams).

1.

2.

3.

Izq. ¡En cada viaje por el río, siempre me aseguraba de tomar una foto de Danny y Emma viviendo sus mejores vidas!

1. Mis dos personas favoritas en el mundo.

2. El desfiladero era el lugar favorito de Danny en el río.

3. El día antes de regresar a casa después del accidente tuvimos un memorial íntimo en el río, este fue el lugar donde tuve a mi esposo por última vez.

Izq. "¿Por qué papá es tan viejo?"
preguntó Emma. "¿Envejecerás y morirás
también, mami?" El mayor temor de mi
hija es que yo envejezca y me muera
como papá.

Der. Nuestras primeras fotos familiares sin
Danny, dos monarcas pegadas una encima
de la otra se unieron a nuestra sesión.

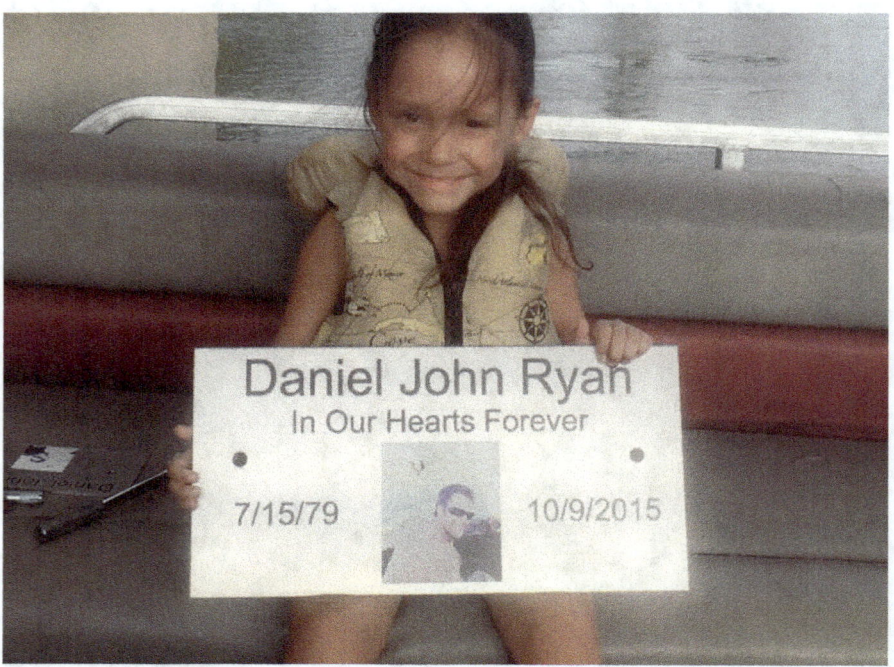

Daniel John Ryan
In Our Hearts Forever

7/15/79   10/9/2015

1.

2.

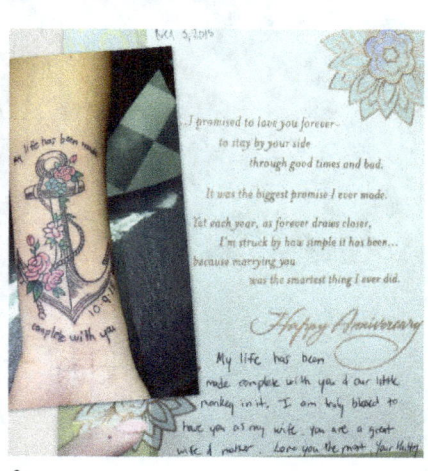

3.

4.

5.

1. Papá Mike mandó a hacer esta placa, que pusimos debajo del puente de Needles en memoria de Danny.
2. Cementerio de Green Hills.
3. Mi tatuaje conmemorativo con la tarjeta del último aniversario de Danny escrita para mí, su caligrafía y todo.
Der. Quinto cumpleaños de Emma; ¡Fiesta del Cinco de Mayo!

#MostrandoleaEmmyElMundo
Izq. Disneyworld
Der. Cabo San Lucas, México.

1.

2.

3.

1. Grecia
2. Florida
3. Colorado
Der. Costa Rica

1.

2.

3.

Izq. Disneyworld
1. La Paz, Mexico
2. Chicago
3. Chicago

Izq. Havasupai
Der. Sonoma, Ca.

Tiempo para vivir

Este lugar era sagrado para nosotros.
Tan sagrado que sin él, no podría verme en este lugar otra vez

Jueves, 8 de octubre de 2015

"Cariño, ¿por qué no nos vamos a la casa del río esta noche en lugar de mañana? El tráfico los viernes es terrible. ¿Podemos ir despacio para ver cómo funciona el Jeep, y puedes seguirme detrás con Emmy? -Danny sugirió-.

"Umm, está bien, he empacado lo suficiente. ¡Podemos hacerlo funcionar!" -respondí-.

Siempre estaba dispuesta a cualquier cosa, especialmente cuando se trataba de emprender otra aventura con nuestra pequeña familia. Nos reuniríamos con nuestros amigos que ya se estaban quedando en nuestra casa del río y queríamos aprovechar el fin de semana tanto como pudiéramos. Este sería nuestro último viaje por el río de la temporada antes de que el clima se volviera demasiado frío para estar en el agua. Pensamos que Emmy podría dormir en el camino y descansar por la mañana. Danny acababa de comprar un Jeep que dejaríamos en la casa del río para lanzar el bote dentro y fuera del agua cuando fuéramos.

Entonces, para este viaje, conducíamos dos autos y volvíamos a casa juntos en uno. Lo seguí para asegurarme de que todo funcionaba bien con el nuevo vehículo, o en caso de que algo se rompiera y él necesitara mi ayuda, yo estaba justo detrás.

El viaje hasta la casa del río por la noche es largo y muy oscuro: cuatro horas a través del desierto. La casa está ubicada donde se encuentran California, Nevada y Arizona, entre Laughlin, Nevada y Lake Havasu, Arizona.

Cargamos el auto solo con lo esencial para nosotros: ropa, comida y bebidas. Todo lo demás, era lo que Emma necesitaría: medicinas, comida, juguetes favoritos y un nuevo chaleco salvavidas que acabábamos de comprar para ella que estaba muy emocionada. Esta sería la primera vez que podría ir a nadar sin su sonda de alimentación, un día por el que oramos durante tanto tiempo. Cuando compramos la casa del río, la acondicionamos completamente con todo lo que pensamos posiblemente podríamos necesitar para no tener que llevar las cosas de un lado a otro cada vez que íbamos. Fue lo mejor que pudimos haber hecho. No tener que cargar demasiado me ayudó, especialmente al traer a Emma. La cantidad de cosas que uno necesita cuando viaja con niños me supera. Juntamos todas nuestras cosas y pusimos a Emma en el auto, sin perder tiempo, estábamos en el camino. Danny y yo nos enviamos mensajes de texto durante todo el viaje solo para asegurarse de que ambos estuviéramos bien, a pesar de que estaba justo detrás de él.

9:20 p.m.
- Yo: ¿Quieres conducir sin parar?
- Danny: No. Paremos en Barstow.

12:34 a.m.
- Yo: ¿55?
- Danny: Estoy con poca gasolina.
- Yo: ¿Quieres detenerte y llenar? Estoy tan cansada ahora, mis ojos tienen sueño.
- Danny: No hay lugar donde. Lo lograremos. Simplemente no desperdiciemos. Yo también. Aunque tengo sed.
- Yo: Todavía puedo tomar una copa de vino.

Por fin llegamos a Colorado Shores (donde está la casa) y luego en nuestro camino de entrada alrededor de la 1:00 a.m. La casa estaba oscura y los amigos que estaban en la casa ya estaban durmiendo en la habitación de invitados de arriba. Llevamos a Emma al piso de arriba y a su habitación de al lado; estaba profundamente dormida. Bajamos las escaleras y descargamos el auto en silencio para no despertar a nadie. Una vez que terminamos de descargar y guardar las cosas, bajamos a la cocina y abrimos una botella de vino tinto, un Josh Cabernet Sauvignon para ser exactos, nuestro favorito. Salimos a la terraza inferior de la casa, donde nos esperaba el aire tranquilo y fresco de la noche de octubre y la luna resplandeciente que se reflejaba en la laguna, nuestro espacio favorito en la casa y fue una de las principales razones por las que compramos este lugar. La energía y la paz que se siente cuando te sientas allí mirando y escuchando el agua que fluye es impresionante, al menos para nosotros lo fue. Éramos amantes del agua, y este era el lugar perfecto para nosotros.

Todavía puedo recordar el fin de semana que manejamos hasta Lake Havasu para comprar una posible casa en el río. Emma aún era muy pequeña y requería mucha atención médica, equipo y apoyo. Antes de esto, habíamos hecho un intento de un viaje por el río con amigos; habíamos estado encerrados durante tanto tiempo y solo queríamos sentirnos normales. Habíamos reservado y nos alojamos en una habitación de hotel solo para volver corriendo a casa esa misma noche alrededor de las 3:00 a.m. Colocamos los arreglos para dormir de Emma junto a nosotros en el piso porque tenía que estar conectada a su tanque de oxígeno, máquina de alimentación, monitor de apnea y oxímetro de pulso. Cada dos horas, uno de nosotros tenía que levantarse, detener la máquina de alimentación, limpiarla en el lavabo del baño y prepararla para la próxima alimentación una hora más tarde. No hace falta decir que había sido imposible y no había descanso ni sueño. Entonces, tomamos nuestras cosas, pusimos a Emma en el auto y nos dirigimos a casa. Desanimados y decepcionados de que por mucho que habíamos intentado tener un fin de semana normal con amigos, en nuestra situación, era simplemente poco realista.

Después de ese fin de semana, la idea de comprar un lugar en el río estaba en nuestras mentes. Si quisiéramos empezar a vivir un poco la vida y salir de vez en cuando para respirar aire fresco y divertirnos un poco, no podríamos hacerlo desde una habitación de hotel, no con la situación médica de Emma.

- ¿Compramos una casa en el río?, Danny había preguntado.

- ¿Una casa? ¿De verdad crees que iremos al río con tanta frecuencia?, respondí.

- ¡Eso espero! Y tal vez si tuviéramos un lugar propio, nos haría la vida un poco más fácil. Si tú o Emma no estuvieran dispuestos a salir al agua por cualquier motivo, al menos tendrían un lugar cómodo para estar, un lugar propio.

Eso tenía mucho sentido y realmente queríamos comenzar a vivir un poco. El río era un lugar cercano pero lo suficientemente lejos como para que definitivamente se sintiera como una mini-vacación.

- Ok -dije-, hagámoslo. ¡Empecemos a buscar!

No tuve que decirle a Danny "Empecemos a buscar" porque ya estaba en línea haciendo su investigación, Redfin se convirtió en su mejor amigo. Y cuando menos lo esperaba, ya tenía páginas impresas de listados que quería que fuéramos a ver. Elegimos un fin de semana, programamos un agente de bienes raíces y salimos a la caza de nuestra pequeña casa de aventuras. No era tan fácil o tan divertido como pensábamos que sería. Los listados que teníamos que ver eran horribles en persona, demasiado caros, demasiado lejos del lago, y simplemente no era lo que teníamos en mente. Ese día en la cena, después de considerar todas nuestras opciones, Danny y yo decidimos que, aunque la idea era excelente, probablemente este no era el mejor momento para comprar una casa junto al río. Nos decepcionó un poco, ya que solo queríamos agregar un poco de normalidad y diversión para nuestras vidas al mismo tiempo que somos conscientes de nuestra hija y su condición médica. A la mañana siguiente, de camino a casa, Danny sacó una última lista impresa que no me había mostrado porque estaba en otra parte del río, no en Lake Havasu. "Está en la salida", dijo. "¿Vamos a verlo?". "Claro, pero solo vamos a verlo desde afuera. Ya no tenemos un agente de bienes raíces, ¿recuerdas? Y dijimos que no hay casa por ahora". "Lo sé", dijo Danny. Entonces, de camino a casa, nos detuvimos a mirar esta última casa.

La lista no daba muchos detalles sobre la casa, así que no sabíamos qué esperar. Nos detuvimos en el frente y nos intrigamos de inmediato. La casa estaba en una pequeña comunidad privada al lado de un campo de golf y a dos minutos a pie de la orilla del río. Salimos del auto y caminamos alrededor de la propiedad, solo para descubrir que el patio trasero tenía una laguna real.

- ¡¿Qué?! ¿Hay una laguna? ¡Y tanto espacio atrás!

Danny me miró con ojos interesados y espetó: "¡Realmente quiero ver el interior!"

- ¡Yo también!"

- ¿Qué pasa si llamamos al agente de bienes raíces en el letrero del vendedor y vemos si estaría dispuesta a abrirnos la casa?

Marcamos el número en el letrero de Keller Williams y llamamos a una señora. Le dijimos que estábamos fuera de la casa y estaban realmente interesados en mirarla. "Puedo estar allí en veinte minutos", dijo.

- Pensé que habíamos terminado con las casas por ahora, le dije a Danny.

- Lo hicimos. Solo lo estamos mirando.

Estábamos ansiosos por ver el interior pero también tratando de ser realistas. Al abrir la puerta y entrar al vestíbulo, lo supimos.

La dama entró y comenzó a charlar. Cuando ella no estaba mirando, Danny y yo nos miramos y dijimos: ¡OH, DIOS MÍO! La dama nos miró para ver qué pensábamos, pero no le dimos importancia y simplemente asentimos. "Es agradable". Cada vez que la dama apartaba la mirada, nos mirábamos, murmurábamos algo y nos reíamos. ¡Nos encantaba la casa! Necesitaba algo de trabajo, por supuesto, pero en general, era la mejor casa que habíamos visto en todo el fin de semana. Recorrimos la casa, nos dio una tarjeta y nos dijo que si necesitábamos algo para llamarla. Salimos de esa casa en un sueño de hogar

- ¿Qué hacemos ahora?, pregunté.

- Me gusta mucho la casa, dijo Danny. ¿Qué piensas?

- A mí también me gusta, por supuesto que sí, pero ¿qué pasa con el presupuesto? El precio estaba fuera de nuestro presupuesto, ambos lo sabíamos.

- Creo que deberíamos hablar con un agente de bienes raíces y hacerle una oferta, dijo Danny. Nos subimos al auto y de camino a casa llamamos a nuestra corredora, Nancy.

- Hola Nancy, hay una casa en el río, ¡queremos comprarla!

En menos de una semana después, hicimos una oferta por la casa. Y para diciembre de 2013, la casa era nuestra. Organizamos una fiesta de inauguración de la casa/Nochevieja un par de semanas después para inaugurar nuestra pequeña casa familiar de vacaciones, The Ryan River House. ¡Mi familia felizmente hizo el viaje! Era la casa perfecta para comenzar a vivir nuestra mejor vida. Hicimos recuerdos tan increíbles que siempre llevaré en mi corazón. Y ahora, aquí estaba yo con mi esposo dos años después, disfrutando de una deliciosa copa de vino mientras nos preparábamos para disfrutar de un hermoso fin de semana. Caminamos y nos sentamos en los sillones de teca frente a la hoguera en la cubierta inferior con vista al agua e hicimos un brindis: ¡Por nuestro último viaje por el río de la temporada y por llegar a salvo a casa! Había estado un poco nerviosa hacia el final de nuestro viaje hasta allí; el Jeep se estaba quedando sin gasolina y teníamos un poco de miedo de no llegar a la casa a salvo.

- ¡Salud, mi amor, por llegar aquí a salvo y por un gran fin de semana por delante!

- ¡Salud, nena!

Nos sentamos un rato, mirando y contemplando la hermosa noche. Hacía un poco de frío, así que Danny me abrazó y me abrazó un poco más. Hicimos planes para el día siguiente: "Intentemos levantarnos temprano. Podemos disfrutar el día tanto como sea posible". Danny era muy madrugador cuando llegábamos al río; cuanto antes mejor. Yo, por otro lado, amaba mi sueño aquí.

- Estoy de vacaciones, argumentaría.

- Está bien, levantémonos, tomemos un desayuno ligero e intentemos salir a las 8:00 am", dijo Danny.

- ¡Bueno! ¿Podemos simplemente disfrutar ahora y no hablar de despertar temprano? ¡Ni siquiera nos hemos acostado para despertarnos todavía! A veces podía ser un bebé, pero

Danny era bueno para comprometerse conmigo, incluso cuando ponía los ojos en blanco y se irritaba.

- Oh, ¿te dije que Tim de SpaceX podría unirse a nosotros mañana?

- ¿Tim? –pregunté–.

- Sí, es amigo de Daniel y Elizabeth de la UCIN, ¿recuerdas?

- Oh, sí, eso es divertido, ¿cuándo llega hasta aquí?

- No estoy seguro, en algún momento de mañana. Dijo que me llamaría.

Solo se unirá a nosotros por el día en el río.

Nunca había conocido a Tim, pero había oído cosas buenas. Debe ser un fin de semana súper divertido. *Estoy emocionado de relajarme y pasar tiempo con mis dos amores.*

La siguiente conversación que tuvimos es una que todavía no puedo comprender, una que todavía no puedo creer que tuviéramos. No estoy segura de lo que estaba pensando o qué me llevó a un tema tan profundo, pero mientras miraba el agua, entre en los brazos de Danny y sintiéndome tan amada y enamorada, lo miré y dije: "Bebé, si alguna vez te pasara algo, no sé si podría volver aquí.", Danny me miró, pero respondió en silencio, probablemente tratando de procesar lo que acababa de decir y preguntándose de dónde venía. Después de unos momentos de silencio, dijo: "Si algo te sucediera alguna vez, sería difícil y apestaría, pero anhelaría poder trasformar la tristeza y aún poder crear hermosos recuerdos aquí. "No sé si podría", respondí.

Danny siempre fue el más práctico. Siempre miraba el panorama general y su perspectiva de las cosas siempre era positiva. Incluso cuando era difícil mirar el lado positivo, siempre lo intentaba. Yo, en cambio, siempre he sido más emocional. Tomo todo muy en serio y llevo mi corazón en la manga. Esta había sido una conversación hipotética y, hasta el día de hoy, no estoy seguro de qué la motivó. Era un sentimiento, un impulso de hacerle saber que lo amaba y que este lugar era sagrado para nosotros. Tan sagrado que sin él, no podría verme en él. No sería ni podría volver a ser lo mismo. Nos abrazamos y nos miramos solemnemente. "Oh, nena", dijo mientras besaba mi frente y me abrazaba con fuerza. "Hace frío. Deberíamos entrar e irnos a la cama", dije. Terminamos los últimos sorbos de vino y entramos a la casa, subimos las escaleras y revisamos a Emma antes de dirigirnos a nuestra habitación; ella estaba profundamente dormida. Eran más de las 2:00am, nos acostamos y dimos por terminada la noche. No podía superar la conversación que acabábamos de tener. *¿Qué me había hecho emocionarme tanto y decirle esas cosas?* Traté de quitármelo de la cabeza, de sacudirme el pensamiento y los sentimientos. *¡Claro que no le va a pasar nada a él!*

Me acurruqué y me acosté sobre su pecho como siempre hacía cuando no podía dormir. El sonido de su corazón siempre me tranquilizaba y me ayudaba a calmarme, Danny me abrazó y nos fuimos a dormir.

- Buenas noches, mi amor.
- Buenas noches, bebé.

Y pude sentir la brisa fresca en mi rostro.

Destino

Si hubiera sabido que este sería nuestro último día juntos,
nunca te habría dejado ir

Cuando atracamos en la playa ese hermoso viernes por
la noche a principios de octubre, el cálido sol besaba nuestra
piel y el agua fría tocaba nuestros pies, no me di cuenta de que
esta era la noche que cambiaría mi vida para siempre. Pronto
se acercaba el otoño y teníamos muchas ganas de disfrutar
el último rato del verano en el río. Este sería nuestro último
viaje de la temporada y queríamos que durara todo lo que
pudiéramos. Todo era perfecto, tuvimos un hermoso día en el
agua, navegando y desembarcando arriba y abajo del cañón en
el agua, el lugar favorito de Danny. Nuestros amigos estuvieron
con nosotros el fin de semana y el clima no podría haber sido
más perfecto, 100 grados en octubre, bastante ideal. Nuestra hija
estaba prosperando y pasando el mejor momento de su vida;
finalmente, las cosas con su salud estaban mejorando. Nuestra
familia estaba en un lugar hermoso. Estábamos con amigos y
acabábamos de encontrarnos con otro amigo de Danny para
unirse a la diversión.

- Queremos ir a una carrera corta en bote, solo para chicos,
mi amor, la última de la noche. Llegaremos en breve, dijo Danny.
Me entregó a Emma y lo besé al salir.

- ¡Vamos, mi amorcito, dejemos que papá se divierta
un poco! Comenzaremos la cena. ¡No se demoren mucho,
muchachos, tengan un viaje divertido!, dije.

Subimos a la casa, mi amiga, Emma y yo (las chicas).
Dejamos nuestras cosas de playa y dejé que Emma jugara,
mientras mi amiga y yo buscábamos música en nuestros teléfonos
para conectarla al puerto Bose que tenía sentado encima del
mostrador de la cocina. Estábamos preparando la cena, cantando,
bailando, picando y riendo toda la noche, todavía en nuestros
trajes de baño de la aventura del día en el río, cuando mi amiga
recibió una llamada de su esposo. Supusimos que los chicos

estaban llamando para avisarnos que estaban de regreso a casa. Debido a que su teléfono estaba enchufado en la base, respondió la llamada en modo altavoz.

Estábamos emocionadas cuando ella respondió: "Apúrense chicos, ¿están ya de regreso o qué?", realmente no podíamos escucharlo, así que se burló de él acerca de cuándo regresarían a casa. No fue hasta que él le gritó que quitara el altavoz, ahora, que la seriedad en su voz se hundió. Rápidamente desconectó la llamada del altavoz y del puerto de Bose. De repente, sentí un cambio en su lenguaje corporal y en su expresión facial. Pasó de la risa y la alegría al silencio absoluto y la seriedad. Escuchó atentamente a su esposo mientras me miraba y trataba de evitar mi mirada al mismo tiempo. No podía entender lo que estaba pasando o lo que él le estaba diciendo. La preocupación comenzó a apoderarse de mí.

"¿Están de regreso? ¿Todo está bien?" -pregunté-. Todavía estaba al teléfono, sin decir nada. "¿Qué pasó? ¿Qué está sucediendo? Todo bien, ¿qué está pasando?" -repetí-. Cuando ella colgó el teléfono y presa del pánico, dijo: "Tenemos que ir al hospital más cercano; algo sucedió", mi corazón simplemente lo supo. Sabía que era Danny, sabía que Danny estaba herido, podía sentirlo en mis huesos. "¿Qué sabes? ¿Qué dijo tu marido?

"No lo sé", fue todo lo que pudo decir. "¡Solo dijo que fuéramos al hospital más cercano!"

"¡No sé dónde está el hospital más cercano!" -respondí-.

Rápidamente me puse un vestido playero blanco sobre mi traje de baño y agarré a Emma. Mi amiga se puso algo de ropa y un sombrero negro y rápidamente corrimos escaleras abajo hacia mi auto. Puse a Emma en su asiento de seguridad, le abroché el cinturón y comencé a conducir. Ni siquiera sabía hacia dónde íbamos o dónde estaba el hospital más cercano, así que tuvimos que buscarlo en el mapa del teléfono. Manejamos presas del pánico, sin saber qué esperar. Mi amiga no dijo mucho; ella estaba callada. Tenía tantas preguntas -algunas que ella no podía responder-.

"¿Qué dijo él? ¿Te dijo algo?, pregunté de nuevo.

"¡Él no dijo mucho!", eso me hizo entrar en pánico aún

más. Mi cerebro fue allí, a ese lugar, ¿sabes ese lugar al que se supone que no debes ir, pero tu cerebro sí lo hace de todos modos?

Jugué un millón de escenarios diferentes en mi mente. ¿Qué podría haber pasado entre el momento en que se fueron y ahora? ¡Ni siquiera había pasado una hora! *¿Y si está gravemente herido?* Ningún escenario me dio tranquilidad; ninguno de ellos me dio un buen resultado. Siempre me preocupo. Danny siempre me decía que me preocupaba demasiado: "¡Relaja esas cejas, nena, te preocupas demasiado!". Mi corazón estaba acelerado por el miedo. *Danny está herido; sé que está herido.*

Nos acercamos a la carretera principal, fuera del área del campo de golf donde está nuestra casa, vimos una fila enorme de camiones de bomberos y ambulancias que se dirigían hacia nosotros. Detuvimos el auto mientras observábamos el caos de sirenas. Miré a mi alrededor para ver si podía ver algo. Al lado derecho de la carretera, debajo del puente Needles, detrás de unos arbustos altos, noté una comunidad de vehículos recreativos. Rápidamente le pregunté a mi amiga si creía que podíamos acercarnos. Salió del auto para revisar, pero estaba lleno de arbustos y cercado. Cuando regresó, tenía rasguños por todas partes y estaba sangrando. "¿Estás bien?", le pregunté. Ella se encogió de hombros y volvió a subirse al coche.

"No vayas al hospital", le dije, "¡sigue a esas ambulancias!".

Algo me dijo que si los seguíamos, encontraría a Danny. Dimos la vuelta al coche y seguimos las luces y las sirenas hacia el campo de golf. Efectivamente, habían ingresado al complejo de casas rodantes al que habíamos tratado de ingresar previamente desde el costado de la carretera. El camino hacia este lugar era largo y sin pavimentar; parecía interminable y no sabíamos adónde íbamos. Solo seguíamos las luces. Nunca había estado debajo del área del Puente Needles aparte de pasar en el bote con Danny.

Cuanto más nos adentrábamos, más fuerte se hacía el ruido y más brillantes se volvían las luces de los camiones de bomberos y las ambulancias. Después de lo que pareció una eternidad, finalmente llegamos al final del camino. Nos detuvimos a la derecha, detuvimos el auto y estacionamos. Rápidamente agarré a Emma de su asiento de seguridad y salimos corriendo por la puerta. Miré a mi alrededor en todas direcciones tratando de encontrar una cara familiar, algo, cualquier cosa que me indicara el camino correcto. No estaba familiarizado con esta área del río, el complejo de casas rodantes era privado y solo los ocupantes tenían acceso a él. Al pie de una pequeña colina de hierba, pude ver el puente Needles, y debajo de él, una playa privada y una inmensa cantidad de caos. Estaba anocheciendo y comenzaba a oscurecer. La luna no brillaba en el agua como lo hacía normalmente. Las tres comenzamos a caminar cuesta abajo, y cuanto más caminábamos, más pánico sentía en mi corazón. La escena parecía sacada de una película, una de esas escenas policiales en las que es difícil saber qué es qué y quién es quién.

A mi izquierda, vi al esposo de mi amiga sentado en la parte trasera de una ambulancia con sus dos hijos; se veían bien. Estaban sentados, hablando, aparentemente no muy heridos, pero era difícil saberlo. No estoy segura si él nos llamaba con la mano o no, mi mente buscaba frenéticamente a Danny, pero no podía verlo. Él no estaba con él. Mi amiga rápidamente corrió hacia su familia aliviada, yo también me sentí aliviado de que estuvieran bien, pero ¿dónde estaba Danny, dónde estaba mi esposo?

Le dije a mi amiga que por favor se quedara con Emma mientras yo iba a buscar a Danny. Había estado tratando de mantener la compostura, pero tan pronto como dejé a Emma, comencé a entrar en pánico aún más. *¿Dónde estás mi amor? ¿Dónde estás?* Seguí caminando hacia la playa, más cerca del agua, buscando frenéticamente por todas partes el rostro de Danny. No reconocí ninguna de las caras allí, todo parecía moverse en cámara lenta. *¿Qué diablos pasó? ¿Qué es todo esto?* Pude ver pedazos de algo flotando en el agua. Creí reconocer nuestro bote detenido en la playa; podía ver el amarillo y el rosa (los dos colores principales del Schiada) brillando en el agua, pero había demasiadas cosas y demasiados oficiales alrededor para ver realmente lo que estaba sucediendo. De repente, vi que llevaban a alguien en una camilla y, pensando que era Danny, le grité: "¡Danny!".

Pero no era Danny, era Tim, el compañero de trabajo y amigo de Danny, el que acababa de llegar una hora antes y nos había encontrado en la playa. Tim vino el fin de semana para pasar un rato con nosotros y visitar el río del que Danny le había hablado tanto. Se subió al bote con los chicos tan pronto como llegó sin tiempo para nada más. Ni siquiera creo que llevara ropa de playa. Ese último maldito viaje del día en bote cambió todo, y ahora estaba en una camilla. "¿Dónde está Danny?", le pregunté a Tim. Me miró y señaló hacia el barco.

"En el barco", dijo. Mientras corría hacia el bote, pude ver pedazos flotando en el agua; nuestro barco se partió por la mitad. Todo el pánico y el miedo que había sentido en mi corazón hasta este momento no habían sido en vano. Yo sabía que algo había ido terriblemente mal. Lo había sentido todo el tiempo, estaba temblando, las lágrimas corrían por mi rostro.

"¡Danny! ¡Bebé!" Grité para que me escuchara. "¡Danny!" Entonces lo vi, acostado en la parte trasera del bote. Reconocí su traje de baño azul. No sabría decir si estaba herido ni en qué medida. Yo estaba a punto de saltar al bote cuando un sheriff me detuvo. "¡Soy su esposa!", estaba desesperada, "¡Necesito llegar a mi esposo!"

"Lo siento mucho, señora", "no hubo nada más que pudiéramos..."

No dejé que el oficial terminara, no registré lo que acaba de decir. Empujé a través de él y salté al bote, finalmente llegué a Danny. Solo estaba acostado allí, sin moverse, sin vida. Fui a abrazarlo y examiné todo su cuerpo en busca de traumatismos visuales.

"Cariño, soy yo, estoy aquí". Él tenía sangre en la cara, la cabeza y el traje de baño, pero no podía decir de dónde venía ni dónde se había lastimado. No pude ver mucho, estaba demasiado oscuro. Solo la luz de un poste distante en lo alto me dio vislumbres. *¡¿Por qué nadie lo ha ayudado?!* "Por favor, despierta mi amor, estoy aquí". Lo abracé y le supliqué que me hablara, pero no respondió. Me frustré y comencé a sacudirlo: *"¡Por favor, amor, por favor despierta!"* La frustración se convirtió en ira. *"¡¿Por qué no te despiertas?!"* Golpeé su cara y su pecho y él todavía no

"¡Daniel, por favor despierta! ¡Por favor despierta!" Le gritaba una y otra vez que se despertara. *"¡Deja de jugar ya!"*, miré a todas las personas a mi alrededor, mirándome fijamente. *¡¿Por qué nadie me ayudaba?!* Finalmente dejé de gritar. Acaricié su rostro y puse mi cabeza en su pecho, esperando un latido.

"Te amo, cariño. Por favor, no me dejes, mi amor, por favor. ¡No puedes dejarnos! ¿Qué haré sin ti, Daniel John? No puedo estar en la tierra sin ti."

Lo abracé fuerte y le dije que lo amaba una y otra vez hasta que me agoté. No me quedaba energía, no me quedaban lágrimas. Me sentí congelada, incapaz de moverme. Cuando me incliné para besarlo, sus labios se pusieron azules. Y en ese momento, supe que se había ido. Mi gran amor se había ido, mi esposo realmente se había ido. Tenía que averiguarlo por mí misma. *¿Por qué nadie me había dicho esto? ¿Cómo pudieron dejar que me enterara así?*

Me senté sola en la parte trasera del bote por lo que pareció una eternidad o un instante al mismo tiempo… con Danny en mis brazos. Este maldito bote, el bote que una vez le había traído tanta alegría a su vida. El bote en el que había trabajado tantas noches. El bote que había dado esperanza y tantas aventuras a nuestra familia era ahora el mismo donde yo tenía el cuerpo de mi difunto esposo. *Debería haber estado allí. Debería haber sido yo.*

No estoy segura de cuánto tiempo estuve allí, sentada con Danny en mis brazos, pero cuando salí a tomar aire, todos se habían ido. Se llevaron a Tim al hospital y mi amiga y su familia también se habían ido; ellos se llevaron a Emma con ellos. Un oficial se me acercó y me arrastró fuera del bote. Mi bata blanca estaba manchada con la sangre de Danny. Me sentí débil, agotada y en estado de shock. ¿Esto realmente estaba sucediendo? *¿Qué carajo acaba de pasar? ¿Qué diablos pasó entre el momento en que salimos de la playa para empezar a cenar y ahora?*

Yo quería respuestas, pero nadie me las daría. Todavía había mucho caos, la noche había caído. Ahora estaba oscuro y era difícil ver, pero noté otro bote naufragado en la playa. Había pedazos flotando en el agua con el nuestro.

"Vamos a llevarla a una ambulancia", escuché decir a un oficial. "Por favor, llévela", le dijo a un paramédico. Luego me miró y dijo: "Vas a estar bien".

No quería dejar a Danny, quería quedarme con mi marido. Quería quedarme allí para siempre, cerca de él. Estaba temblando e inconsolable. Llena de dolor. Duelo. Shock. Entumecimiento. Me sentí perdida, sola. Tan sola. *¿Cómo se supone que voy a decirle a nuestra hija?*

Un largo camino por delante

¿Cómo terminé aquí?

El viaje desde la casa del río hasta mi casa en Lakewood fue el viaje más largo de mi vida. Mi papá conducía mi auto, creo, no estoy muy segura de esto. Mi cerebro no funcionaba lo suficientemente bien como para notar ciertos detalles. Lo que sí recuerdo es que Emma estaba conmigo. La necesitaba conmigo en todo momento. Ella era mi consuelo, mi persona y todo lo que me quedaba. Recuerdo haber estado mirando por la ventana todo el camino a casa. En realidad, no había mucho que ver, excepto el cielo azul, los árboles desnudos y un camino sin fin.

Seguí repitiendo los últimos días en mi cabeza. *¿No acabábamos de llegar? ¿Estábamos de vacaciones? ¿Qué acaba de suceder? ¿Cómo terminé aquí?*. El viernes por la noche, después de que el paramédico me acompañó y me sentó en la parte trasera de la ambulancia, estaba sola, sola y devastada con un completo extraño sentado a mi lado, probablemente sintiendo lástima por mí. Ni siquiera sabía dónde estaba Emma. Sabía que estaba con los amigos con los que habíamos venido al río, pero no tenía idea de a dónde habían ido todos. La última vez que los vi fue en la parte trasera de la ambulancia donde vimos por primera vez al esposo y los hijos de mi amiga. Cuando me separaron de Danny y me subieron a la ambulancia, estaba sola.

Nunca me había sentido más sola. Fue entonces, en toda mi soledad, que tuve el coraje de llamar a Papa Mike, el papá de Danny. *¿Cómo le voy a decir? ¿Qué voy a decir? No puedo hacer esto, pero tengo que hacerlo. Él necesita saber.* Empecé a buscar mi teléfono y me di cuenta de que no lo tenía. Se me debe haber caído cuando corrí hacia Danny. Me estaba volviendo loca, no tenía nada conmigo. Todavía estaba a medio vestir con un traje de baño y una bata de playa blanca. Rápidamente le dije al paramédico que había perdido mi teléfono; necesitaba mi teléfono. *Por favor, necesito hacer una llamada.* Salté de la ambulancia y comencé a buscar frenéticamente mi teléfono por todas partes. Estaba encorvada casi hasta el suelo buscando cada centímetro cuadrado del área donde había estacionado y corrido. Estaba oscuro afuera; no estaba muy segura de la hora. El paramédico salió de la ambulancia para tratar de ayudarme, pero no tuvimos suerte.

Debido a la investigación y al forense tratando de hacer su trabajo, no me habían permitido acercarme más a donde estaba Danny. Él todavía estaba en el barco, estaba a solo unos metros de él, pero me sentía tan lejos. Me sentí impotente. No pude encontrar mi teléfono, no podía estar con Danny, estaba llorando, decepcionada, desesperada y frenética. Decepcionada, regresé a la ambulancia y, un par de minutos después, entró un oficial y preguntó: "¿Es este su teléfono?"

Logré marcar la línea de la casa de Papa Mike porque ese era el único número que me sabía de memoria; lo habíamos usado muchas veces para nuestros descuentos en Ralph's. El teléfono sonó y nadie contestó, así que marqué de nuevo. Empezó a ir al contestador automático cuando escuché la voz de Andrea, la esposa de Papa Mike, "¿Hola?" no pude hablar. No pude decirlo en voz alta. Si lo decía en voz alta, eso significaba que era verdad. No quería que esto fuera cierto. Esto no podía ser cierto.

- Faby –dijo–, ¿cómo te va? Ella había reconocido mi número en la máquina.
- Danny –logré decir–. Algo sucedió.

El paramédico estaba sentado frente a mí y asintió con la cabeza como para darme coraje.

- ¡¿Qué pasó, todo bien?!
- ¡Danny murió!
- ¡¿Qué?! –Andrea dijo–. ¡Deja de jugar! Lo dijo de una manera nerviosa pero riendo pensando que estaba jugando con ella.

Lo dije de nuevo: "Danny murió; ¡hubo un accidente!", ya no podía hablar. El gran nudo en mi garganta y el dolor en mi corazón no me permitían seguir adelante. Empecé a llorar desconsoladamente y le entregué el teléfono al paramédico. Se puso al teléfono y le explicó a Andrea lo que había pasado, lo que estaba pasando, quién era y dónde estábamos. No estoy segura exactamente de qué más le dijo, me perdí por un momento. El paramédico me devolvió el teléfono y puso su mano en mi hombro. Nos sentamos en silencio, sin saber qué decir.

– ¿Estás casado?, pregunté.

– Sí, e iré a casa con mi esposa esta noche y todas las noches y la amaré mucho más. Viviré nuestra vida como si fuera mi último día todos los días, lo prometo, por ti. Ahora, vamos a sacarte de aquí. Tengo que llevarte al hospital.

Monté completamente sola en la parte trasera de esa ambulancia. Lloré y lloré hasta que me sequé y no me quedaron más lágrimas. Mi vida acababa de desmoronarse en cuestión de horas. Nos detuvimos en el hospital a solo unas pocas millas de donde habíamos comenzado. El viaje no había sido realmente largo, pero para mí, sentí que habían pasado años. El amable paramédico me acompañó y me preguntó si iba a estar bien. Lo miré y asentí, no sabía qué más decir. *¿Qué más había que decir?* Luego volvió a subir a la ambulancia y se fue.

Entré en el hospital, un pequeño hospital en medio de la nada, con mi bata de playa blanca cubierta con la sangre de Danny. Debo haber parecido una persona loca. Estaba temblando y me sentía entumecida, todo al mismo tiempo. *Odio los hospitales. La última vez que estuve en un hospital casi me muero. Mi bebé casi muere. Y ahora, mi Danny está muerto.*

No tenía idea de a dónde iba, pero no pasó mucho tiempo antes de que vi a Emma y a nuestros amigos a través de las puertas de vidrio. Estaban en una sala de examen. Emma estaba sentada en la cama con uno de los niños; entré y la abracé fuerte. No sabía qué decirle, ella solo tiene tres años. *¿Cómo le explico todo esto a ella?* Por suerte, por el momento, ella no me había preguntado nada; ella no me había preguntado por qué estábamos allí o dónde estaba papá. Habían sucedido tantas cosas tan rápido que había poco tiempo para preguntas. No estaba segura de si les había preguntado algo a nuestros amigos o si ellos le habían explicado algo.

Estaban ocupados tratando de coser a uno de sus hijos. Recibió un golpe en la parte posterior de la cabeza durante el incidente. El pobre estaba llorando y con dolor, pero entonces empezó a contarme que el barco lo golpeó a él y a Danny también. Era difícil escuchar a un niño recordar lo que había visto y experimentado. Traté de ayudar a consolarlo, pero me sentía tan fuera de lugar, fuera del cuerpo, perdida, adormecida. Miré a todos pensando: *¿Saben que Danny está muerto?* Por supuesto que lo sabían, sin embargo, estaban en su rol de padres. Estaban increíblemente frustrados con el hospital y la falta de conocimiento del personal mientras trataban de coser a su hijo. Estaban hablando de mejor ir a otro hospital para hacerlo.

¿Por qué estoy aquí? ¿Por qué estamos aquí? ¡Te necesito, Danny! El médico tardaba demasiado y todos estaban inquietos. Finalmente, la pareja optó por dar de alta a su hijo y decidió ir al otro hospital después de todo. No sabía dónde estaba el otro hospital, ni siquiera sabía dónde estábamos en ese momento. Cuando el paramédico me llevó, ni siquiera había mirado por la ventana para ver a qué parte de la ciudad íbamos.

Kenny, uno de los buenos amigos de Danny desde sus años de escuela secundaria, apareció de repente en el hospital. Había escuchado las noticias y estaba allí para brindar apoyo. *¿Cómo demonios lo sabe Kenny? ¿Quién le dijo?...* Esto acaba de pasar, no le había dicho a ninguno de sus amigos, no le había dicho sino a dos personas. No estaba seguro de cómo Kenny lo sabía o cómo nos había encontrado, pero las noticias viajaron rápido. Recordé que Danny me dijo una vez: *"Kenny siempre parece estar en el lugar correcto en el momento correcto"*, supongo que tenía razón.

Kenny me caía bien y siempre había sido un buen amigo de Danny. No hablaban todos los días ni se veían con demasiada frecuencia, pero Kenny era uno de esos amigos que siempre había estado ahí para Danny cuando lo necesitaba.

Él fue quien le dijo a Danny que la Schiada estaba a la venta. Él fue quien vino con nosotros a Lake Havasu para recoger el bote. Y también fue quien ayudó a Danny a trabajar en el bote para que estuviera en plena forma para la temporada del río. Kenny era un rostro reconfortante y familiar.

"Quiero volver con Danny", le dije a Kenny.

Necesitaba volver a donde estaba Danny, donde lo había visto por última vez. Me sentía perdida aquí, no podía encontrar mi lugar. También necesitaba recuperar mi auto, que estaba donde estaba Danny, en la playa bajo el puente de Needles. Kenny y el amigo con el que estaba con gusto se ofrecieron a llevarme. Emma se quedó; nuestros amigos insistieron en que estaría mejor con ellos por ahora.

Cuando regresamos al puerto deportivo, caminé hacia la playa para tratar de ver si Danny todavía estaba allí, donde lo había dejado por última vez, pero el forense me detuvo. Me preguntó quién era yo y a dónde iba:

- Soy su esposa.

- ¿Puedo hacerte algunas preguntas?

- Por supuesto.

Luego me hizo a un lado y procedió a interrogarme.

- ¿Qué hiciste hoy?

- Estuvimos en el agua la mayor parte del día. Río arriba y río abajo, luego nos detuvimos en Topock66 Marina para un almuerzo tardío. *Topock 66 era un restaurante en el río Colorado con vistas increíbles.* "Pasamos un rato allí y dejamos que los niños nadaran en la piscina". *Emma había estado tan feliz y emocionada que finalmente pudo mojarse la barriga, no más restricciones de sonda de alimentación. Ella había sido como una pequeña sirena.*

- ¿Con quién estabas?, él continuó.

- Mi esposo, mi hija, unos amigos y sus dos hijos.

- ¿A dónde fuiste después?

- Después del almuerzo, hicimos las maletas y nos dirigimos a casa. Nos detuvimos en nuestra playa privada, en Colorado Shores, a cinco minutos de aquí. Uno de los amigos de mi esposo, Tim, vino de visita, y los niños, mi esposo y su amigo decidieron llevar a Tim a dar un paseo corto en bote, el último de la noche, antes de dirigirse a la casa. Tenemos una casa en el área. Se estaba haciendo tarde, así que mi amiga, mi hija y yo decidimos adelantarnos a la cena mientras ellos iban en su paseo en bote. Mientras preparaban la cena, recibimos una llamada muy preocupante del esposo de mi amiga y terminamos aquí, para encontrar…" No pude terminar la oración.

- Está bien, dijo. "Gracias por su cooperación. Lo siento por su pérdida."

Empecé a caminar de regreso hacia Kenny y, mientras me alejaba, seguí mirando hacia el auto del forense. Sabía que Danny estaba allí. No quería irme, no quería dejar a Danny solo, sufría por mi marido. Tenía muchas ganas de retroceder el tiempo. Tenía muchas ganas de volver a unas horas antes y cambiar el curso de la noche. Ojalá le hubiera dicho a Danny: *"Por favor, no vayas a este paseo en bote. Entra y solo cenemos y disfrutemos este tiempo juntos"*. Pero no lo hice; y ahora, ya no podía.

Me reuní con Kenny y nos dirigimos hacia mi auto. Aunque dije que podía conducir yo mismo a casa, Kenny insistió en que no debía conducir en mi condición, así que me llevó. Llegamos a la casa en completo y absoluto silencio. Al entrar a la casa, noté que los preparativos para la cena aún estaban por todo el mostrador de la cocina. Apenas logramos apagar la estufa antes de salir corriendo por la puerta. La evidencia de lo que se suponía que sería una gran noche de cena con amigos no era más que un recuerdo lejano.

Dolía, todo dolía, esta casa dolía. Subí las escaleras a nuestro dormitorio, cerré la puerta y me tiré en la cama. Una vez sola, me permití llorar tanto como pude y tan fuerte como lo necesitaba. *Esto no está pasando, no te perdí.* Miré alrededor de nuestra habitación, nuestras cosas de cuando llegamos allí la noche anterior ni siquiera habían sido guardadas todavía. *Estoy completamente sola, completamente sola. ¡¿Qué diablos acaba de pasar?!?! ¡Debería haber estado allí! ¡¿Por qué no te detuve para que no hicieras ese estúpido último viaje?! ¡Debería haber estado allí! Si tan solo hubiera estado allí, tal vez podría haber visto algo, impedido esto. Podría haberte salvado. Dios, yo solo quiero morir, quiero ir contigo. No quiero estar aquí en esta tierra sin ti. Una vez* me dijiste que nunca podrías estar en esta tierra sin mí, ¿entonces por qué me dejaste? ¡¿Por qué nos dejaste?! ¡¿Qué se supone que debo hacer sin ti?! ¡¿Qué se supone que debo decirle a Emma?! ¿Pensaste en ella? ¡¿Pensaste en mí?! ¡¿Por qué?! ¿Por qué? ¡¿Por qué?! Lloré tanto que me quedé dormida por un momento o me desmayé o me perdí; no estoy segura de cuál. Kenny todavía estaba abajo, nunca se fue, lo escuché subir las escaleras para ver cómo estaba. No estoy segura de cuándo, pero recuerdo reunir el coraje para llamar a mi madre. ¿Cómo diablos le doy una noticia así? ¿Qué digo? Cuando escuché su voz al otro lado de la línea, solté: "Danny murió".

La escuché casi gritar: "¡¿Qué?!"

Me repetí: "Danny murió. Lo perdí."

También llamé a su mejor amigo, Adam. Adam y Danny trabajaron juntos en SpaceX y compartían el automóvil todas las mañanas. Él necesita saber, me dije; lo extrañará el lunes. También recuerdo haber hablado con el jefe de Danny, Chris. Más que un jefe, Chris era el amigo de Danny, nuestro amigo. Danny acababa de hablar con Chris antes de que hiciéramos el viaje. Habló tanto de Chris que pensé, Chris debe saber; Chris también lo extrañará el lunes. Los pensamientos que aparecieron en mi cabeza fueron extraños. Era casi como si estuviera diciendo: *"Hola chicos, Danny no estará el lunes, pero lo verán el martes"*. El trauma comienza y el cerebro toma el control. Hubo momentos en los que estaba aturdida, como un zombi. Luego había momentos en los que era consciente de todo, demasiado consciente. Otros momentos esperaba que Danny cruzara la puerta. Teníamos la cena pendiente, claro, él sabía venir a cenar. Entonces, la realidad me golpeaba de nuevo, y yo me acurrucaba en la cama con ganas de morir. *Debería haber sido yo. Debería haber estado allí. ¿Por qué vinimos aquí?* Y me volvería a quedar dormida.

A medida que avanzaba la noche, escuché voces que me despertaron.

Emma estaba de vuelta, me dolió ver a mi niña. Aunque ella no estaba al tanto de lo que estaba sucediendo, yo sí. Nunca volvería a ver a su papá, y eso me rompió. No podía mirar a nadie, todo me entristecía. La habitación en la que estaba, nuestro dormitorio, me estaba destrozando. Aquí es donde dormimos juntos por última vez, anoche me estaba aferrando a una de las camisas de Danny que había agarrado antes para consolarme, quería olerlo. Quería sentirlo. Sin embargo, había llorado tanto con ella que ya no olía a nada más que a mis lágrimas.

La terrible noticia del accidente corrió como la pólvora. La zona del río donde está la casa, no es grande y la noticia corrió rápido. Zack News (el reportero de noticias local) cubrió la historia y, en ese momento, todos en el río sabían lo que sucedió. De repente, estaba recibiendo mensajes de gente dándome el pésame y preguntándome qué había pasado. Unos por puro amor y otros por morbo. Más tarde, uno por uno, mi familia comenzó a llegar. Mis padres habían llamado a mis hermanos y dejaron todo para venir a estar conmigo: mi hermana, mi hermano y su esposa. Después vinieron también mis tías, tíos y primos. Chris, el jefe de Danny, también había ido a la casa del río para mostrar su apoyo y ser de ayuda, algo por lo que siempre estaré agradecida. El hermanastro de Danny y su esposa también aparecieron más tarde. Nuestra casa se llenó de repente de gente; después de un tiempo, perdí la cuenta. La mayor parte del tiempo permanecía sola en mi habitación. La única persona a la que deseaba y temía ver era a Papa Mike. Había estado en un paseo en moto con unos amigos, Andrea, tuvo que localizarlo para darle la noticia. No había sido capaz de hablar con él en absoluto. Papa Mike dejó todo e hizo arreglos para tratar de llegar a nosotros en la casa del río lo más rápido posible, pero su llegada se sintió como una eternidad. Estoy segura de que él sintió lo mismo. Necesitaba a Papa Mike allí conmigo; amaba a Danny tanto como yo.

La relación de Danny con su padre era hermosa. Más que padre e hijo, eran mejores amigos, y no de la forma en que algunos dicen que son mejores amigos, sino mejores amigos de verdad. No podían vivir el uno sin el otro. Se llamaban todos los días, al menos una vez, solo para saber el uno del otro, eran como un reloj. Solía burlarme de ellos todo el tiempo por su previsibilidad. Papa Mike llamaba y Danny siempre respondía: "¡Hola, Papa!". Después de un tiempo, cuando veía a Papa llamando, decía: "¡Hola, Papa!" antes de que Danny pudiera siquiera responder, siempre nos reíamos de eso, "Cariño, no te burles de mí. ¿Escuchaste eso, Papa? ¡Se está riendo de mí otra vez!" La relación padre-hijo que tenían era diferente a cualquier otra. Un día lo supe: era una relación que esperaba que Danny también tuviera con nuestra hija. Nunca necesitaron una excusa para llamarse o trabajar juntos en algo o pedirse consejo. Tuvieron increíbles aventuras montando motos de cross, acampando, jugando en el garaje o simplemente sentarse y charlar sobre todo y nada.

¿Cómo podía mirar a Papa Mike a los ojos y decirle que su hijo estaba muerto? ¿Qué diría yo? Apenas podía meter este hecho en mi cabeza, iba a romperle el corazón. Su bebé se había ido, literalmente, su bebé. Danny era el menor de cinco hijos. Sus padres se habían divorciado cuando Danny tenía dos años y ambos se habían vuelto a casar. Los hijos de Papa incluían a Danny y Tim, el hermano mayor de Danny, y Andrea tenía tres hijos, todos mayores que Danny.

En algún momento de la noche, Papa Mike llegó a la casa. Yo estaba arriba en el mismo lugar, acostada en posición fetal en la cama cuando él entró. Me senté cuando alguien dijo: "Papa Mike está aquí", pero no dije ni una palabra. No pude hablar, lo miré y me perdí; podía ver tanto dolor en sus ojos. Nos abrazamos y lloramos, lloramos por todo lo que sentíamos y no podíamos decir. *¿Qué podíamos decir?* Ambos acabábamos de perder a la persona que más amábamos en este mundo. Nunca olvidaré ese momento. Nunca olvidaré la mirada en su rostro.

La noche se convirtió en mañana, y luego otra vez. Todo era caótico y tranquilo al mismo tiempo. Todo lo que quería era estar sola. Todo lo que quería era tenernos de vuelta, nuestra pequeña familia de tres. No pude encontrar mi lugar. Seguí vagando afuera hasta el último lugar junto al agua donde Danny y yo solíamos sentarnos y mirar, el lugar donde habíamos tenido esa hermosa y tranquila noche juntos. Deseaba poder retroceder en el tiempo y volver a ese momento. El momento antes de que mi vida se desmoronara. El momento antes de que mi vida se rompiera en un millón de pequeños pedazos. El momento en que mi vida y mi pequeña familia estaban completas. *Tal vez, si cierro los ojos y deseo que todo esto desaparezca lo suficiente, despertaré de esta horrible pesadilla. Deseo. Deseo. Deseo.* Pero nada parece funcionar.

Parecieron años desde que comenzó esta pesadilla. La noche en que el forense me interrogó y se llevó el cuerpo de Danny, no me habían dado ninguna otra información. Estábamos en la oscuridad y no escuchamos nada más. No teníamos noticias del paradero del cuerpo de Danny, cuándo sería transferido o dónde. Habíamos escuchado que la investigación tomaría mucho tiempo y todo lo que podíamos hacer era esperar, pero ¿esperar qué? Necesitaba saber a dónde habían llevado a mi marido. *¿Qué diablos hago ahora? ¿Con quién hablo? ¿A dónde voy desde aquí? ¿Empiezo a hacer arreglos funerarios ahora?* No sabía qué hacer ni por dónde empezar. Solo había perdido a otra persona cercana a mí, mi abuela. Ella murió de cáncer de páncreas a principios de ese mismo año, pero mi madre y sus hermanos habían hecho todos los arreglos.

Después de horas de llamar a todos y a cualquiera que pensáramos que podía ayudar, esforzándonos tanto por averiguar dónde estaba el cuerpo de Danny, finalmente logramos hablar con alguien que nos lo diría y nos permitió ver a mi esposo. Papa Mike quería ver a su hijo Danny; necesitaba confirmación de que era realmente cierto. Yo necesitaba ver a mi esposo una vez más. Era medianoche y nos dijeron que solo teníamos unos minutos, que tenía que ser rápido. El hermanastro de Danny y su esposa nos llevaron al edificio, parecía una iglesia por lo que recuerdo. Una vez allí, un hombre nos guió hasta donde estaba Danny.

Ver y abrazar a Danny en el río después del accidente había sido increíblemente difícil, lleno de conmoción y trauma, por decir lo menos. Mi mente aún no había sido capaz de envolverse en la idea, pero ver a mi esposo en una bolsa para cadáveres es algo que nunca podré describir. Cuando el hombre abrió la cremallera para mostrarnos, solo su cabeza y un vistazo de su pecho. Mi corazón se detuvo. Traté tanto de recuperarme para Papa Mike; sabía lo difícil que sería para él. Contuve la respiración y traté de darle su momento, un momento que sabía que lo cambiaría por el resto de su vida. Danny parecía tranquilo, si eso era posible. Lo habían limpiado y, en la superficie, parecía que nunca había pasado nada, como si solo estuviera dormido. No teníamos mucho tiempo, nos advirtió el hombre. Acaricié y le di un beso de despedida a la cabeza de mi Danny, y salimos de allí en completo silencio.

Esa fue la última vez que vi a mi esposo hasta el funeral.

Hogar

Dicen que el hogar es donde está el corazón,
pero mi corazón ya no estaba conmigo

Mi corazón comenzó a acelerarse cuando salimos de la autopista a nuestro hogar. ¿Hogar?...Ya no estaba segura de lo que significaba esa palabra. El hogar solíamos ser nosotros: Faby, Danny y Emma, los Ryan. Y ahora, solo estaban Faby y Emma. Habían pasado tres días desde aquella horrible noche, tres días que parecían años. Cuando nos detuvimos en el camino de entrada, me invadió un inmenso dolor. Abrí la puerta del auto y salí, pero parecía que no podía moverme más allá de la puerta principal. Observé la casa, la hermosa casa que compramos y a la que nos mudamos solo un par de meses antes. La casa que estaba llena de sueños y esperanzas de un futuro brillante por delante, nuestro hogar para siempre; un hogar en el que Emma podría crecer. Un hogar donde envejeceríamos y seríamos felices. Ahora, se sentía extraño estar aquí. Intenté dar unos pasos hacia la puerta, pero mi cuerpo simplemente no se movía. Estaba temblando y no podía detener las lágrimas.

Después de lo que pareció una eternidad, finalmente llegué a la puerta, giré la llave y entré en una casa vacía. Vacía, tal como sentía mi corazón. Apenas teníamos muebles en la casa, todavía estábamos en el proceso de mudar las cosas. Vi los sofás grises que acababan de ser entregados el jueves, la noche en que nos fuimos a la casa del río, la noche anterior al accidente. Nos sentamos en estos sofás por solo cinco minutos, solo para ver cómo se sentían. "Realmente disfrutaremos de estos tan pronto como regresemos", dijo Danny mientras tomaba una foto de mis sofás antes de salir. "Nuestro hogar está progresando, bebé; está empezando a sentirse como nosotros", respondí y salimos. Había sido un año loco de cambios para nosotros. En el lapso de cinco meses, vendimos nuestra casa, compramos y remodelamos una nueva. También mudamos a nuestra familia a una ciudad donde solo conocíamos a dos personas. Estábamos listos para comenzar un nuevo viaje donde nuestra hija podría recibir las herramientas, que ella necesitaba para prosperar. Había sido una montaña rusa de cambios y sacrificios, pero lo habíamos hecho todos juntos.

A principios de ese año, en mayo, cuando Emma estaba a punto de graduarse de su escuela de intervención temprana en Westchester, CA, a la edad de tres años, nos hablaron sobre los próximos pasos en la carrera escolar de Emma. Debido a que Emma había recibido educación especial toda su vida, necesitaba servicios y terapias como terapia del habla, terapia ocupacional, fisioterapia, terapia de intervención temprana, terapia oral y cualquier otra cosa que se nos presentara. Ella seguiría necesitando estos servicios, por lo que Emma necesitaría una escuela de educación especial y se le proporcionaría un IEP o un programa de educación individualizado. Un IEP es un documento legal que se otorga a las escuelas públicas para niños con discapacidades desde K-12. La discapacidad tiene que ser reconocida legalmente. El documento describe las necesidades y metas de aprendizaje específicas para que el niño pueda recibir la instrucción, apoyo, atención adecuada y servicios que necesitan para prosperar en la escuela. En este punto, ya había aprendido mucho a través del centro regional (una organización sin fines de lucro que ayuda a encontrar acceso a los servicios disponibles para personas con discapacidades), programando las terapias de Emma e incluso ordenar todo su equipo médico por teléfono, pero esto del IEP era un juego de pelota nuevo e increíblemente abrumador. Una vez que comenzaron a mencionar abogados y documentos vinculantes, el estrés se volvió real. Además, ya no tendría la asistencia o el apoyo personal de Blanca, mi centro regional al que acudir. Yo estaba sola. Empecé a buscar escuelas en nuestra área que pudieran proporcionar todo lo que nuestra hija necesitaba, pero el distrito escolar donde vivíamos era muy pequeño y no sabían mucho sobre situaciones como la nuestra. Fue entonces cuando comencé a investigar otras opciones para nosotros. Una de las terapeutas de Emma, Marlyna, había mencionado que Long Beach tenía un distrito escolar increíble que brindaba en gran medida programas de educación especial para niños como Emma. Cuanto más investigaba, más confirmaba que Long Beach era donde necesitábamos estar. Un día, llegué a casa de una de estas reuniones de preparación y le dije a Danny: "¡Cariño, nos mudamos a Long Beach!".

– ¿Qué?, él respondió. ¿Qué quieres decir con mudarnos a Long Beach?

Una vez que le expliqué la situación, lo que había aprendido y lo que Emma necesitaba, se mostró totalmente dispuesto. "Cualquier cosa por nuestro pequeño amor", dijo. Habíamos trabajado increíblemente duro con terapias e intervención temprana para conseguir que Emma estuviera donde estaba ahora; y continuaríamos haciendo todo lo que estuviera a nuestro alcance para que prosperara aún más. Teníamos la esperanza de que eventualmente, su diagnóstico de "retraso" fuera una cosa del pasado, y ya no necesitaría escuelas especiales ni servicios especiales. Emma era una niña próspera e increíblemente inteligente, pero siempre que necesitara apoyo adicional, le proporcionaríamos toda la ayuda/asistencia que pudiéramos, incluso si eso significaba mudarse a una nueva ciudad. Con Emma graduándose de intervención temprana y una nueva escuela e IEP pendiendo sobre nuestras cabezas, decidimos seguir adelante con la búsqueda de una nueva casa. Un domingo a mediados de marzo, Danny y yo decidimos ir a ver esta casa abierta en la ciudad de Lakewood. La casa estaba en un buen vecindario donde conocíamos a un par de personas. Y una de las escuelas que había investigado para Emma, que era perfecta para ella, no estaba demasiado lejos. Llegamos a la casa y Danny se desanimó al instante. Nuestra primera casa había sido una pequeña casa para arreglar, y habíamos puesto tanto trabajo en ella que lo último que Danny quería era otra casa para arreglar.

– Veámosla, dije. "No tenemos nada que perder".

Mientras entrábamos a la casa, vi a Danny encogerse. Esta casa necesitaba mucho trabajo, y aunque Danny siempre fue el optimista en estos escenarios y yo, la pesimista, esta vez intercambiamos roles.

– Veo potencial, dije.

- ¿Potencial? ¿Ambos estamos viendo la misma casa?, respondió Danny.

La casa, aunque había pasado por una remodelación años antes parecía vieja y descuidada. A medida que recorríamos la casa, cada habitación se volvió más y más... colorida. Cada habitación tenía una alfombra de un color diferente: naranja, rosa, verde. La cocina de galera parecía pequeña, ya que estaba llena de arriba a abajo con gabinetes marrones de aspecto antiguo. La sala de estar delantera tenía una chimenea de ladrillo que se extendía demasiado hacia el centro de la habitación, lo que hacía que la habitación pareciera más pequeña e innecesaria. El dormitorio principal había sido un complemento y, aunque no era estéticamente agradable, era bastante grande y bonito. Tenía vestidores para él y para ella, lo que me hizo bailar un poco, y un baño principal, ¡puntuación! Las dos habitaciones de arriba eran de tamaño decente y tenían un baño compartido en el pasillo. Esto parecía ideal ya que Danny y yo estábamos considerando tener otro bebé. Sabía lo que Danny estaba pensando todo el tiempo, esto es demasiado trabajo, pero seguí viendo potencial. "Será un montón de trabajo para rehacer, ¡pero creo que podemos hacerlo!", dije emocionada. Danny no estaba acostumbrado a mi optimismo cuando se trataba a la remodelación de una casa y trabajo sucio, pero sabía que juntos podíamos hacerlo. Entonces, se fue con eso, siempre queriendo hacer felices a sus chicas. "Ok, nena, llamaré a nuestro corredor y le haré saber que estamos interesados en la casa y queremos hacerle una oferta", dijo.

Lo miré con incredulidad y emoción. *¿Realmente estamos haciendo esto?* Como queríamos que la compra de esta casa fuera lo más fluida posible, decidimos contratar al agente inmobiliario del vendedor como propio, con la esperanza de que avanzara más rápido.

Sue, la vendedora de la casa, vivía sola. Su esposo había muerto años antes durante unas vacaciones. ¡¿Qué triste -le dije a Danny-, te imaginas?! Sue quería vender y regresar a San Francisco para estar con sus hijos; no tenía sentido para ella vivir sola en esta gran casa. Estaba más que lista para vender, lo que funcionó a nuestro favor. Salimos de la casa realmente considerando hacer una oferta. En el peor de los casos, no la aceptarían. *Pero, ¿y si lo hicieran?*

De camino a casa, llamamos a Nancy, nuestra corredora y nos pusimos en marcha. Ya habíamos recibido la pre-aprobación de un préstamo, así que nos pusimos manos a la obra con bastante rapidez. Menos de una semana después, hicimos una oferta por la casa. No mucho después de eso, tuvimos una respuesta. Danny me llamó del trabajo un lunes por la mañana y me dijo: "Será mejor que estés lista, cariño, ¡porque acabamos de comprar una casa!".

- ¿Qué? ¡Deja de jugar conmigo!

- ¡Cariño, acabamos de comprar una casa; aceptaron nuestra oferta!

El 19 de marzo, justo antes de mi cumpleaños número 32, brindamos con una botella de champán barata cuando firmábamos el acuerdo de compra. Sabíamos que sería un momento estresante, pero Danny y yo hicimos un gran equipo. Cuando los tiempos eran difíciles, sabíamos cómo etiquetar las responsabilidades del equipo y apoyarnos unos en otros para aliviar un poco el estrés. Aprendimos esto de la manera más difícil, especialmente después de tener a Emma. *¿Qué va a funcionar? ¡Trabajo en equipo!* Todavía puedo escuchar a Danny decir esto en forma de canción.

El tiempo era esencial y necesitábamos ponernos manos a la obra. Nuestra casa actual necesitaba un trabajo estético para estar lista para salir al mercado. No era mucho, ya que habíamos hecho mucho trabajo en la casa durante los últimos seis años, pero no obstante era trabajo. También tuve que inscribir temporalmente a Emma en nuestra escuela local para que pudiera continuar con los servicios de terapia; no queríamos que retrocediera en su progreso y metas cumplidas. Rápidamente me reuní con un equipo del IEP en la escuela local para repasar la evaluación médica, las necesidades y los servicios requeridos de Emma que se proporcionarían para que, tan pronto como se graduara, su transición al sistema escolar fluya sin problemas.

Mientras Emma progresaba, todavía tenía problemas de salud y muchos obstáculos que superar. A principios de ese mes, había estado en el hospital durante casi una semana con neumonía e infección grave. Nosotros, al igual que el personal de la escuela, tuvimos que ser increíblemente cuidadosos con el manejo de su cuidado. Emma todavía tenía una sonda de alimentación en este momento y la escuela no sabía mucho al respecto; así que fui a reunirme con la enfermera de la escuela y la capacité sobre cómo cambiar la sonda de alimentación en caso de emergencia. "Pase lo que pase con Emma, ¡llámame! ¡Solo estoy al final de la calle!", reiteré una y otra vez. Delegar esta responsabilidad a alguien que no estaba familiarizado con el caso de Emma me puso extremadamente ansiosa. Todos los terapeutas que habían trabajado con Emma hasta ese momento habían estado con ella desde que volvimos a casa de la UCIN. Estas personas serían nuevas en su caso. Emma se graduó de intervención temprana el 1 de mayo de 2015, dos días antes de su tercer cumpleaños. La escuela tuvo una celebración de salida para ella y algunos de sus otros amigos que se graduaron, gorra azul real y todo. Nuestra hija se veía increíblemente hermosa y estábamos llenos de mucho orgullo. Nuestra pequeña había trabajado muy duro hasta este punto, y no había nada que la detuviera. Después de la graduación en su escuela, Danny y yo la llevamos a celebrar. Quería sushi, su comida favorita entonces (y ahora).

El 18 de mayo, nuestra nueva propiedad en Lakewood cerró el depósito en garantía y el 22 de mayo recibimos las llaves de nuestro nuevo hogar. Danny y yo celebramos la ocasión tomando prestadas unas copas de champán de un nuevo vecino y abriendo una botella de champán en medio de nuestra sala de estar vacía y alfombrada de rosa. Emma corrió por toda la casa vacía con entusiasmo mientras brindábamos. ¡Fue perfecto! A fines de esa semana, habían comenzado el desmantelamiento de la casa y la remodelación. El 31 de mayo, publicamos nuestra primera casa a la venta. Danny y yo habíamos comprado esa casa el mismo año que nos casamos, fue el hogar donde nos convertimos en una familia de tres. Era difícil pensar que dejaríamos ir ese lugar. Hubo tantas emociones cuando vimos el letrero de venta. Esa casa tenía tantos recuerdos, y aunque ya no es mi casa, todavía paso por ahí a veces.

Emma comenzó a asistir a nuestra escuela local y estaba realmente disfrutándolo, amaba a su maestra y se estaba aclimatando bien al cambio temporal. La escuela fue genial con ella, fueron increíblemente amorosos y atentos a sus necesidades. De hecho, estaba empezando a encariñarme con este pequeño equipo que habíamos construido, pero sabía que no estaríamos allí por mucho tiempo. Las cosas con la casa avanzaban y estábamos trabajando para tenerla lista y presentable para comenzar a mostrarse. Los Ryan ¡nos estamos mudando! Ojalá las cosas hubieran sido tan fáciles como suena, pero el estrés de todo era real. Nuestra casa se vendió bastante rápido, más rápido de lo que jamás imaginamos. A los cinco días de ponerla en el mercado, nuestra casa se vendió. En cualquier otro caso, esto hubiera sido ideal, pero con nuestra nueva propiedad completamente destruida y en medio de una remodelación, ¡esto significaba que teníamos exactamente treinta días para terminarlo todo! Nuestro objetivo era tener el nuevo lugar terminado y listo para mudarse el fin de semana del 4 de julio, no hace falta decir que eso no sucedió. Como la vida lo tendría, la remodelación tuvo sus contratiempos y estaba tomando más tiempo de lo esperado, terminamos teniendo que quedarnos en la casa del padre de Danny durante un par de semanas. No le importó; todo el tiempo que pasó con Danny y Emma estuvo bien para él. Pero Danny no era un gran fanático de quedarse en ningún otro lugar que no fuera su casa. El hogar para él era un espacio sagrado.

El 12 de julio, con la ayuda de algunos de los amigos de Danny, mudamos oficialmente nuestras cosas a la nueva casa. Bueno, al garaje y el porche trasero, eso fue. No obstante, avanzábamos, y eso era una victoria.

El 15 de julio, en medio del caos de remodelación de la casa, celebramos el 36 cumpleaños de Danny. Nada sofisticado, a Danny nunca le importaron las fiestas ni las cosas materiales. Él solo quería que estuviéramos juntos.

El 17 de julio recibió el regalo perfecto: nos mudamos

oficialmente a nuestro nuevo hogar. Todavía no estaba completamente terminado ni amueblado, pero finalmente lo hicimos.

El 8 de agosto, en una casa apenas amueblada, recibimos a nuestros amigos, familiares y algunos de nuestros nuevos vecinos en una fiesta de inauguración. Fue perfecto. A principios de septiembre, Emma comenzó en su nueva escuela, Buffum Total Learning Center, en Long Beach, la razón principal por la que mejoramos y mudamos nuestras vidas a esta nueva ciudad.

Y ahora, aquí estaba yo, en la casa donde esperábamos hacer nuevos recuerdos, en el lugar al que no podíamos esperar para llamar hogar. SOLA. Yo me quedé en silencio en medio de mi sala de estar, mirando esos sofás grises en los que nunca llegamos a sentarnos juntos. Podía escuchar la voz de Danny diciéndome: "¡Cariño, disfrutaremos de esto tan pronto como regresemos!", habíamos hecho planes que nunca llegarían, había hecho promesas que no había podido cumplir. Mi esposo se había ido y yo estaba sola y destrozada. *¿Cómo se suponía que iba a continuar por mi cuenta? ¿Cómo sería capaz de ver esta casa de la misma manera?*. Entré a mi habitación y me encerré en el baño mientras mis padres y los padres de Danny entraban a la casa. Hubo silencio, tanto silencio; nadie sabía qué decir o hacer. Una vez en mi habitación, sollocé todas las lágrimas que había contenido durante el interminable viaje en automóvil a casa.

Funeral

Daniel John Ryan
Julio 15, 1979 – Octubre 9, 2015

El día después de que volvimos a casa, tenía una cita en un cementerio cerca de casa en Long Beach, CA. Lo había buscado en línea y parecía decente, lo que sea que eso significara. Al llegar, nos recibió un coordinador que me miró con lástima en los ojos.

- Lamento mucho tu pérdida, dijeron.

- Gracias, dije cuando me entregaron un libro con paquetes y precios que miré brevemente. Tenía flores, exhibiciones, lápidas, las obras. No sabía lo que se suponía que debía hacer o decir. Era incómodo, me sentía fuera del cuerpo, me hicieron un montón de preguntas sobre Danny: qué pasó, dónde estaba su cuerpo. Su cuerpo ni siquiera había sido transferido todavía; todavía estaba en el condado de San Bernardino. El forense no entregó su cuerpo hasta que la investigación había concluido, por lo que técnicamente, ni siquiera podíamos planificar los servicios reales todavía, solo tenía que tener todo en su lugar para cuando su cuerpo estuviera listo para ser trasladado al lugar que yo decidiera. Estas preguntas eran abrumadoras e irritantes.

Cuando finalmente comenzamos con un recorrido por el lugar, caminamos por las instalaciones mientras el coordinador no paraba de hablar. De repente me encontré de pie en medio de una habitación que exhibía ataúdes de todos los tamaños y acabados. Mirando bien había unos espantosos dorados y llamativos que Danny habría vomitado al verlos; casi podía oírlo reír. De repente sentí que estaba a punto de desmoronarme. Traté de controlarme, no podía quebrarme en ese momento, Papa Mike y Andrea están conmigo, también el hermanastro de Danny y su esposa, no necesito que me vean desmoronarme. Continuamos con el recorrido y caminamos a través de una habitación estúpida que exhibía muy bien libros de firmas, fotos y programas funerarios. *Me pregunto si estas personas en las fotos realmente murieron. Necesito salir de aquí. ¡¿Qué mierda estoy haciendo aquí?! ¡¿Por qué esta persona me habla como si estuviéramos planeando una maldita fiesta?!*

Empecé sentirme irritada, emocional, enojada. El último lugar en el que quería estar, era este. *Nunca en mis sueños más locos pensé que estaría planeando el funeral de mi esposo.* El lugar no era grande, por lo que cubrir los terrenos no tomó mucho tiempo, pero para mí, se sintió como una eternidad. Por último, pero no menos importante, nos llevaron a las tumbas disponibles. Recorrer y elegir las tumbas era como recorrer y elegir una casa, todo un negocio. Excepto en este caso, eran bienes raíces que nunca deseé ni quise. Estaba tan listo para salir de allí. "No creo que este sea el lugar", dije. "Este no se siente como el lugar correcto". *¡¿Pero qué diablos se supone que debo sentir?! ¿Cómo se supone que voy a tomar una decisión como esta? ¿Cómo decido dónde quiero "poner a descansar" a mi difunto esposo?* Estaba agotada y solo quería irme a casa.

A la mañana siguiente, tuve una reunión en un cementerio en Rancho Palos Verdes, CA. Tenía hermosos recuerdos de Rancho Palos Verdes: Danny y yo habíamos ido a menudo en largos paseos románticos a lo largo de la costa. El senderismo y el ciclismo de montaña en las colinas también habían sido uno de nuestros favoritos; incluso teníamos un "banco secreto". Rancho Palos Verdes fue el lugar donde tuvimos la recepción de nuestra boda, en el hermoso Centro de Interpretación Point Vicente. Solía decirle a Danny que cuando yo muriera (porque obviamente yo me iría primero), me incineraran y arrojaran mis cenizas por el acantilado allí. Pero ahora, aquí estaba yo planeando su funeral. *¿Cómo pudiste haberme dejado? Se suponía que yo iba a ir primero.*

Nunca había estado en el cementerio de Green Hills, ni siquiera sabía que existía. La muerte y los cementerios no eran algo que yo hubiera experimentado mucho, aparte de mi abuela, pero ella había sido enterrada en otro lugar. Green Hills es enorme y tiene un ambiente relajante. Quizá sea el estanque cerca de las colinas y la mini cascada con sus relajantes sonidos de agua que lo hacen sentir tranquilo. O tal vez, es estar en las colinas lejos de la ciudad lo que le da esa sensación. No estaba segura de qué era, pero este lugar era agradable.

Después de recorrer y conversar con Lori y Rob, los coordinadores del cementerio y la morgue de Green Hills, decidí que este sería el lugar donde dejaría descansar a mi esposo. Tiene sentido y se sintió bien. Elegí un ataúd, uno simple pero agradable con un acabado de madera, uno que sabía que a Danny le habría gustado, *¡como si eso importara!*, pero a mí sí me importaba. Elegí una tumba cerca del estanque y la cascada con vista a una linda capilla blanca. Supuse que a Danny le habrían gustado los sonidos relajantes del agua, y a mí también, cuando viniera de visita. Y lo quisiera o no, tenía que comprar una tumba para dos; no venden individuales. Entonces, ahora tengo un lugar donde algún día seré enterrada junto a mi esposo. Había sido un día largo, pero me las arreglé para hacer todos los arreglos que deseaba no tener que hacer nunca, y con una factura de casi cuarenta mil dólares, salí de allí. Estaba agotada y abrumada, mas también me sentí aliviada de que esta parte estuviera hecha y fuera de mis hombros. "Esta fue la parte fácil", había dicho Rob, los peores días estaban por venir.

Daniel John Ryan
Julio 15, 1979 – Octubre 9, 2015

Daniel John Ryan, hijo de Valerie Reyburn y Michael Ryan, falleció el 9 de octubre de 2015 a la edad de 36 años. Nació el 15 de julio de 1979 en California. A Daniel le sobreviven su amada esposa, Faby Ryan y su hija Emma Ryan. El velorio se llevará a cabo el viernes 23 de octubre de 2015, de 5 a 9 pm en la Capilla Conmemorativa de Green Hills en Rancho Palos Verdes.

Los servicios se llevarán a cabo el sábado 24 de octubre de 2015 en la Iglesia St. Lawrence Martyr a las 10:00 am en Redondo Beach, seguido del servicio de entierro en el Cementerio Green Hills.

Viernes, 23 de octubre de 2015

No confiaba en mí misma para conducir, así que le pedí a Adam y Nicki, nuestros amigos, que nos recogieran a Emma y a mí y nos llevaran a Green Hills para el servicio de observación.

Pensé que siempre podría tomar un viaje de regreso a casa
con alguien. Ellos gentilmente accedieron a llevarnos, el viaje
fue silencioso, ninguno de nosotros sabía qué decir, no sabía
cómo sentirme. Por fuera, me veía bien, me recompuse después
de semanas de no preocuparme por cómo me veía. Llevaba
tacones y un vestido floral negro que había tenido sentado en
mi armario sin usar durante años. Mi cabello pasó de estar en
un moño durante días a verse decente. Pero, por dentro era un
desastre y estaba rota. Sin embargo, quería lucir presentable para
Danny; esta sería la última vez que lo vería físicamente.

Había reservado un tiempo a solas en la capilla para Emma y
para mí antes de que el resto de la familia pudiera entrar. Quería
que los tres estuviéramos juntos, solo nosotros. Mi corazón
latía con fuerza cuando llegamos a la capilla, caminé hasta las
puertas de vidrio donde vi a mi familia ya allí; sinceramente,
no puedo decirte quién. Recuerdo entrar, agarrar a Emma de
la mano, respirar hondo y mirar hacia el final de la larga capilla.
Allí, al final, estaba Danny. Empecé a caminar muy despacio
mientras reunía fuerzas. Quería correr hacia él, pero igual quería
nunca llegar allí. Quería tanto verlo, pero también, nunca quise
verlo, no así. Mi corazón latía con fuerza fuera de mi pecho.
Las lágrimas corrían por mi rostro como si las compuertas se
acabaran de abrir, y de repente, estaba de pie frente a su ataúd.
Todo lo que había elegido estaba bien hecho; la madera marrón,
el ataúd estaba perfectamente pulido. Había vestido a Danny con
su camisa de vestir marrón favorita con rayas azules horizontales;
pantalones de vestir marrón oscuro, casi negros, de rayas finas
que hacían lucir muy bien su trasero; y aunque no se podía
ver de cintura para abajo, les había pedido que le pusieran sus
sandalias arcoíris favoritas en los pies. Este hombre había amado
y vivido en sandalias, y esta no iba a ser la excepción.

"Oh, mi amor, ¿qué carajo?", dije mientras extendía mi
mano para tocar su rostro.

"¡¿Qué diablos?!" Acaricié su cabello y me incliné para
darle un beso.

Emma tiró de mi vestido para levantarla, pero tenía un
poco de miedo de lo que pudiera sentir, hacer, pensar, decir.

Levanté a Emma y de inmediato me dijo: "Mami, ¿por qué papá es tan viejo?". "Él no es viejo, mi amor, solo se ve viejo." El tiempo se detuvo, no estoy segura de cuánto tiempo estuvimos allí. Traje una foto mía y de Emma para ponerla en el ataúd, para que nunca nos olvides, mi amor. Coloqué la foto con él, acaricié sus manos, su rostro, su cabello, sus labios. No sabía qué hacer conmigo misma. Deseaba que abriera los ojos, deseé poder meterme en ese ataúd y sentir su abrazo, parecía que no podía separarme de él. Me sentí tan rota. Después de un tiempo, me incliné para besarlo. Emma también le dio un beso en la frente y salimos para dejar entrar a todos los demás.

La capilla se llenó de gente inmediatamente. Familia, amigos íntimos, compañeros de trabajo, médicos y enfermeras de la UCIN de Emma. Viejos amigos que no había visto en años, viejos amigos de Danny que nunca había conocido, amigos de amigos, familia de la familia. Es gracioso lo rápido que viajan las noticias cuando alguien muere y lo rápido que aparece la gente, incluso, si no los has visto en años o si nunca te han conocido. Cientos de personas vinieron y dieron sus condolencias. Recuerdo fragmentos del servicio. El video conmemorativo que armé fue hermoso, hubo algunos momentos increíbles allí de la infancia de Danny, momentos con amigos, momentos con nosotros y hermosos hitos de Emma. Durante la reproducción del video, Emma se levantó y comenzó a bailar en medio de la habitación diciendo: "Papá". Fue hermoso y me hizo sentir mejor por tenerla allí. No estaba segura de haber tomado la decisión correcta. No estaba segura de cómo la afectaría esto, pero después de hablar con algunos consejeros, me sugirieron que debería tenerla allí conmigo.

Durante el resto del servicio, estuve dentro y fuera de él. Experimenté todas las etapas del duelo en cuestión de horas. Estaba triste por Papa Mike, había perdido a su hijo, su mejor amigo. Estaba triste por mí, estaba triste por Emma, ella nunca llegaría a crecer con su papá. Estaba en negación de que Danny estaba acostado en un ataúd y no había nada que pudiera hacer al respecto. Estaba enojada porque la madre de Danny no había venido al servicio, pero envió a alguien para que llevara un poema para entregárselo a todos. Sentí culpa por estar viva. Habría dado cualquier cosa por poder cambiar de lugar con Danny. Lloré, sonreí, saludé, abracé, di la mano; no podía quedarme quieta. Sin embargo, quería desaparecer. Y cuando no pensé que las cosas pudieran empeorar, allí estaba ella, parada frente a mí, la mujer con la que mi esposo tuvo una aventura. La reconocí, no creo que ella se diera cuenta de que lo hice. Me quedé allí en estado de shock, mi corazón latía con fuerza cuando ella me estrechó la mano y dijo: "Tú no me conoces, pero yo conocía a tu esposo". Estrechó la mano de las personas que estaban a mi lado (quienes claramente la conocían).

Mientras se alejaba, miré a la persona que estaba a mi lado y le pregunté: "¿Quién es ella?", necesitaba confirmación. Cuando dijo su nombre, me quedé helada por dentro. Me quedé allí, temblando, con el corazón latiendo fuera de mi pecho. Si la habitación hubiera estado lo suficientemente tranquila, estoy seguro de que habrían podido escuchar mi corazón. No queriendo hacer una escena, me dirigí a los baños. *¿Esto realmente está pasando? No solo estoy sentada en una habitación donde mi esposo muerto está acostado, sino que la mujer con la que se acostó tuvo la audacia de aparecer aquí. ¿Realmente pensó que no descubriría quién era ella? ¿De verdad pensaba que yo era tan estúpida? ¿De verdad cree que tiene derecho a estar aquí? ¿Quién diablos se cree que es?* Estaba llena de ira. ¿Cómo se atreve? ¿Cómo se atreve? Lágrimas de ira corrían por mi rostro. No las quería. No quería derramar más lágrimas por esto. Traté de recomponerme, pero ¿cuánta compostura se puede tener en este escenario? Quería ir a buscarla, quería gritarle. Quería gritarle que se fuera, quería que todos supieran lo jodida que era. Quería que todos supieran quién era ella realmente y lo que me había hecho. Quería revelar su verdadero rostro, quería que todos sintieran el odio y la ira que yo sentía hacia ella también. Pero no pude. *Aquí no. No ahora.* Me recompuse y volví a salir, a la habitación en la que estábamos todos, mi difunto marido, su amante y yo.

Regresé a la capilla, mis ojos la buscaban, pero ya no la vi. La sala estaba llena de demasiada gente para contar. Me acerqué al ataúd de mi esposo y lo miré por lo que pareció una eternidad. El tiempo se detuvo. *¿Qué estoy haciendo aquí? ¿Es esta realmente mi puta vida? ¿Puede alguien por favor despertarme de esta pesadilla ya? Solo quiero despertar. ¡Alguien por favor despiértame! Cuando volví a los bancos, la gente pensó que mis ojos rojos recién hinchados se debían a que había tenido "otro momento".*

Todo lo que quería hacer era desaparecer. El resto de la noche fue un aturdimiento. Estaba tratando de mantener la calma y la compostura. Algunas de las amigas habían traído pequeñas botellitas de vino a la capilla, en caso de que yo necesitara una. Recuerdo caminar al baño y tomarme una; solo quería adormecer el dolor. Quería no sentir nada, quería olvidar; pero nada estaba funcionando. La noche había sido larga y dolorosa en más formas de las que podría expresar con palabras. No estoy muy segura de cómo terminó todo o de cómo llegué a casa. Estaba exhausta y temía otro día más de este dolor desgarrador de decir adiós que me esperaba al día siguiente.

Sábado, 24 de octubre de 2015

Pronto llegó la mañana. Dormí muy poco, me mantuve ocupada trabajando en los arreglos de última hora y asegurándome de tener todo listo para el servicio y la recepción que siguió. Había estado temiendo la noche, las noches eran las más duras. Odiaba meterme en una cama vacía, todavía no había sido capaz de tocar su lado de la cama. Aunque sabía que su costado estaba vacío, alcancé el espacio donde solía acostarse y no encontré a nadie allí, era más de lo que podía soportar. Me desperté agotada, pero tenía que poner cara de valiente y afrontar el día. Mi hermana me compró un vestido negro para ponerme, porque ni siquiera había pensado en conseguir uno. Un pequeño vestido negro: qué concepto tan diferente de lo que había imaginado. Emma llevaba un vestido blanco con dorado que había usado anteriormente en una boda a la que asistimos. Ese vestido me recordó días más felices. Tenía una foto de Danny sosteniendo a Emma con este vestido; ambos se veían extremadamente felices; quería aferrarme a ese sentimiento.

Cuando llegamos a la Iglesia St. Lawrence Martyr, mi corazón se había tenido un momento de déjà vu. Érase una vez llegando a esta misma iglesia, vestida de blanco, ansiosa por casarme con el hombre de mis sueños. Cuando se abrieron las puertas de la iglesia, vi a mi futuro esposo parado allí al final de ese pasillo muy largo, dijimos: "sí, acepto" y salimos corriendo hacia nuestro "Felices para siempre". Después de diez meses de planear cada detalle de la boda a la perfección, finalmente había llegado el día. Estaba increíblemente nerviosa, pero nunca tuve dudas en mi mente de que Danny era el indicado. No habían pasado ni dos minutos de caminar por el pasillo cuando ya estaba llorando. Me llené de emoción y un derramamiento de amor. Miré a los ojos de Danny durante todo el camino, y cuando finalmente llegué al altar, mi corazón se sintió tranquilo.

Fue una boda católica tradicional larga, pero hermosa. Lloré mientras decíamos nuestros votos, mientras Danny limpiaba mis lágrimas con ternura. También pude ver lágrimas en sus ojos. Y nos reímos de la parte donde el sacerdote se olvidó de decir, ahora puedes besar a tu novia, Danny y yo miramos el uno al otro: ¿Nos besamos? ¿O no? Finalmente miramos al sacerdote y le preguntamos: "¿Podemos besarnos ahora?" Todos en la iglesia se rieron con nosotros cuando nos besamos y sellamos nuestro matrimonio. "¡Lo logramos!", dijimos y salimos de la iglesia tomados de la mano, con el corazón rebosante de amor.

Me paré en los escalones de la iglesia congelada en el tiempo. Los felices para siempre no existen. Este no es el final que merecíamos. Agarré a Emma de la mano y caminé hacia las puertas de la iglesia para encontrarme con algunos miembros de la familia que ya estaban afuera. Y cuando me giré para buscar a la coordinadora de la iglesia, también la vi a ella parada afuera de la iglesia. *¿Me estás tomando el pelo?* Una vez más, mi corazón comenzó a latir con fuerza. Mis manos empezaron a temblar, me enojé al instante. ¡No permitiré esto, no hoy! Ni siquiera lo pensé dos veces. Con la adrenalina corriendo por mi cuerpo, empecé a caminar hacia ella. Ni siquiera estaba segura de lo que quería decir, pero sabía que no me quedaría en silencio esta vez. Me había quedado en silencio durante demasiado tiempo;

nunca le dije a una sola alma. Había guardado este secreto enterrado en mi corazón y para mí durante años, y me estaba comiendo viva.

Me había sentido estúpida e ingenua. No quería que nadie supiera de la traición de Danny. Quería protegerlo a él, su reputación y nuestro matrimonio. No había querido darle a la gente una razón para hablar, quería evitar el ruido exterior y no permitir que las opiniones de la gente entraran en mi matrimonio. *¿Y todo para qué? ¿A quién había estado salvando todo el tiempo? ¿Qué pasa con mis sentimientos? ¿Mi dolor?* Pensé que todo esto había quedado atrás, pero allí estaba yo, de pie en el maldito funeral de mi esposo, tomando mi ira, sintiéndome como una tonta de nuevo. La esposa estúpida. No quería montar una escena, pero sí quería confrontarla, eso es todo lo que sabía. Me acerqué a ella, me paré frente a ella con mi corazón acelerado y la voz temblorosa y dije su nombre: "Tú y yo sabemos quién eres y lo que has hecho. ¡No te quiero aquí!". Ella respondió con algo en el sentido de "No voy a ir a ningún lado". *¡Los huevos!* Me repetí y nuevamente le dije que no la quería allí, y me alejé. No podía decir más, todo dolía. No miré hacia atrás, todavía estaba temblando. Esperaba que ella se fuera.

Esperaba que ella tuviera suficiente respeto por mí, mi hija e incluso Danny, para irse. *¿No lo había dejado muy claro?* Danny le dijo que NUNCA deseaba volver a verla ni hablar con ella; me reenvió el correo electrónico. Para mi sorpresa, ella no se fue. *¿No entendió lo que significa nunca?* Escuché que había ido llorando a familiares y amigos haciéndose la víctima. Todos la consolaron y probablemente pensaron qué estuvo mal. Poco sabía la gente lo que me estaba haciendo, no podía creer su audacia. No podía creer cómo en los peores momentos de mi vida había pensado solo en sí misma y en nadie más. Si eso no era egoísta, no sabía qué era. Por el resto de mi vida, cuando piense en esos últimos momentos con mi esposo, siempre sentiré enojo por la falta de respeto.

Volví a buscar a Emma ya que nos estábamos preparando para que comenzara el servicio. La mayoría de la gente ya había entrado en la iglesia. Sostuve a Emma con fuerza y

formé una fila afuera de la iglesia mientras sacaban el ataúd. El
ataúd cerrado con mi esposo adentro, yo quería rasgarlo para
abrirlo, quería verlo, sostenerlo, acaricia su rostro una vez más.
Pero todo lo que pude hacer fue poner mis manos encima
del ataúd. Cogí a Emma y la sostuve en mis brazos mientras
estábamos en el vestíbulo a punto de entrar. Miré hacia el largo
pasillo, el pasillo por el que había caminado una vez antes, casi
exactamente seis años antes. Hace seis años, cuando la vida
había sido hermosa.

Caminé por el pasillo, el ataúd delante de mí. Enfoqué mis
ojos frente a mí todo el tiempo; tenía miedo de que si miraba
a otra parte o a alguien, me derrumbaría. Cada paso se sentía
como si estuviera caminando en cámara lenta. La energía a mi
alrededor era tan fuerte y pesada; podía sentir todos los ojos en
mí. Mi corazón latía tan fuerte que podía escuchar cada latido
de mi corazón. Cuanto más caminaba, más fuerte abrazaba a
Emma cerca de mi cuerpo, hasta llegar al altar. Una vez en el
altar, me senté en el banco delantero derecho con el ataúd de
mi esposo a mi izquierda. Mantuve mis ojos enfocados al frente,
incapaz de apartar la mirada, incapaz de moverme, apenas capaz
de respirar. Observé el altar frente a mí, ese hermoso altar donde
reímos y nos besamos, sonreímos y lloramos, el altar donde
nos hicimos promesas y votos el uno al otro. Estábamos llenos
de alegría y esperanza de nuestro futuro junto. No pude evitar
cuestionar a Dios. *¿Por qué él? ¿Por qué nosotros? ¿Por qué yo?*

No recuerdo mucho acerca de salir de la iglesia, creo que
el dolor dentro de mí bloqueó todo. Tampoco recuerdo el
viaje al lugar del entierro, todavía es una niebla en mi mente.
Sí recuerdo que lanzamos hermosas mariposas monarca como
símbolo espiritual de la vida después de la muerte. Ayudé
a Emma con la suya, y la mariposa que intentaba soltar no
se apartaba de su vista; no quería volar lejos. Después de
algunos intentos, finalmente tomó vuelo y voló como si fuera
al cielo. Fue hermoso, había mariposas por todas partes. Las
mariposas, cuando se sueltan, pueden representar el alma del
difunto revoloteando hacia el más allá y la esperanza en el
futuro. Esperanza. No estaba segura de que me quedara alguna

esperanza. Mientras estaba de pie frente al ataúd de mi esposo, sabiendo que esta era la última vez que podría verlo físicamente, recuerdo haber pensado: *Si realmente quisiera y me esforzara lo suficiente, apuesto a que podría abrir el ataúd en este momento. Sólo necesito un poco de coraje.* Mi cerebro quería encontrar una manera de traer de vuelta a Danny. Aunque me quedé allí mirando su ataúd a punto de ser enterrado, todo se sentía surrealista, como si estuviera mirando la vida de otra persona. Esto tenía que ser un sueño. Me quedé allí y observé cómo sucedía todo. Había pedido estar allí hasta el final, esta era la única forma en que podía ver por mí misma que esto era, de hecho, real. Coloqué una rosa blanca encima del ataúd cuando estaba a punto de ser bajado y la vi descender en cámara lenta. Presencié cómo las máquinas cubrían su ataúd con tierra; mi cuerpo no podía moverse. Me quedé allí y no tenía control sobre lo que estaba pasando. Quería recuperar a mi esposo y, sin embargo, este era el final del final. Después de que la tierra estuvo completamente compactada, reemplazaron el césped en la parte superior, como si nada hubiera pasado. Me mantuve en una pieza durante todo el servicio, aunque por dentro, quería gritar. Quería tirarme sobre el ataúd y que me enterraran con él. Quería sentirme libre para liberar toda la tristeza y la ira que sentía por dentro, pero no me lo permitía. Quería que todos desaparecieran, quería estar sola en mi dolor; en cambio, me quedé allí, tratando de ser fuerte, luciendo valiente y compuesta. No podía desmoronarme, Emma contaba conmigo, mirándome en busca de consuelo. Tenía que mantenerme fuerte para Emma, para Danny, incluso para mí. Fue un hermoso servicio, o eso decía la gente. Realmente no podría decirte mucho más. Algunas cosas son difíciles de recordar, algunas otras, elegí no recordarlas.

Después del entierro, siguió una recepción. La recepción se llevó a cabo en un museo de automóviles en Torrance, California, con capacidad para aproximadamente 150 personas. Esta fue la cantidad de personas que asistieron al servicio. Familia, amigos, colaboradores de SpaceX. Todos los que conocían y amaban a mi Danny habían venido a presentar sus respetos. Chris, Jenny y su asistente Meream, organizaron generosa y amorosamente la recepción. Fueron los planificadores cuando yo no podía serlo, cada detallé fue tal como lo hubiera hecho yo de haber tenido el corazón y la fuerza para hacerlo. Fueron enviados por Dios y un sistema de apoyo increíble. Jenny solo había acudido a mí con cuatro preguntas sencillas: el color, la flor, la bebida y la comida favoritos de Danny. Y como magia, convirtieron el lugar en una hermosa habitación llena de las cosas favoritas de Danny. Fue la perfección.

Las mesas estaban cubiertas de rojo, su color favorito. Los centros de mesa estaban hechos de fragantes rosas blancas, nuestras favoritas. Para la cena, un bar de tacos, la comida favorita absoluta de Danny, y para las bebidas, su cerveza número uno, Firestone 805. Y debido a que estaba en un museo de automóviles, Emma tenía todo el espacio para correr y jugar con los autos. Papa Mike, Chris e incluso Gwynne, la presidenta de SpaceX, se turnaron para entretenerla para que yo pudiera tener algunos momentos para mí. La sala se llenó rápidamente y no puedo decir quiénes eran todos, solo recuerdo caras. Encontré un asiento en una mesa y me dejé caer. Muchos compartieron anécdotas de los roles que Danny había jugado en sus vidas. Otros compartieron las formas en que Danny los había inspirado y/o cambiado. Hubo historias divertidas, historias inspiradoras, algunas risas, vítores y muchas lágrimas. Y luego fue mi turno de hablar. Todavía no había tenido el coraje de hablar en ninguno de los servicios anteriores, me había mantenido reservada, pero en este momento sentí que debía decir algunas palabras y agradecer a todos por su amor, apoyo y ayuda durante este momento increíblemente difícil. Mi corazón latía con fuerza y estaba llorando antes de que pudiera hablar. Mientras miraba alrededor de la habitación, mi corazón se sintió abrumado, podía sentir la mirada de todos. Hasta este momento, no había podido hablar públicamente sobre mi pérdida. Me había estado escondiendo a propósito y protegiéndome de la realidad y del dolor. Y aquí estaba yo, enfrentando mi mayor miedo: decirlo en voz alta. Intenté hablar, pero las palabras no salían. En algún lugar entre lágrimas y miedo, logré decir: "Gracias a todos por venir y estar aquí con nosotros. Danny estaría muy orgulloso de verlos a todos aquí, de saber todo el apoyo que nos han brindado a Emma y a mí..." No dije mucho más, no podría decir mucho en absoluto. Sostuve a Emma mientras decía al micrófono: "¡Te amo, papá!". y no recuerdo mucho después de eso. Hicimos un brindis por un ser humano increíble, esposo, padre, hijo, hermano, amigo y compañero de trabajo. Fue un gran espectáculo ver a todos con un 805 en la mano brindando por mi esposo. Fue hermoso y conmovedor. Deseé que Danny hubiera estado allí para experimentarlo todo.

Rota

No puedo estar en esta tierra sin ti, Amor

La siguiente parte de mi historia es una que desearía que nunca hubiese sucedido, una que desearía poder borrar de mi banco de memoria y arrojarla a lo profundo del océano donde nunca más pudiera emerger. Desafortunadamente, esta parte de mi historia sucedió y es una etapa de mi vida de la que nunca he hablado abiertamente, una que he mantenido en secreto durante doce años como un mensaje en una botella, flotando en el océano, para nunca ser encontrada. Me carcomía por dentro, hirviendo como una olla de agua caliente lista para desbordarse en cualquier momento. Sin embargo, lo que pasa con los secretos es que no nos permiten sanar, no me permitía curarme. He mantenido esto enterrado dentro de mi alma durante tanto tiempo para proteger el nombre de mi esposo, nuestro matrimonio, una imagen. No quería darle de qué hablar a la gente y me daba vergüenza. Mientras crecía, siempre me decían: "pase lo que pase en el hogar, se queda en el hogar. Nadie necesita saber tu ropa sucia, e hice exactamente eso. Traté de enterrar este secreto como lo hice con mi esposo, pero la verdad es que me ha comido viva durante años, especialmente después de la muerte de Danny, cuando las cosas resurgieron y me provocó, pero nuevamente me mantuve callada. Enterré a mi esposo, mis sentimientos, mi dolor y mi dignidad, todo para proteger a los demás. Pero, ¿quién me protegió a mí?

Cuando alguien muere, esa persona de alguna manera se vuelve más grande que en vida, es puesta en un pedestal: divino, perfecto, alguien que nunca ha cometido errores o ha fallado. Nadie va a un funeral y dice: "¡Hombre, ese tipo era un imbécil!" Incluso si lo fuera, hablarán sobre todas las partes buenas y de alguna manera olvidarán el resto. Ese tipo de repente no podría hacer nada malo, y si alguien menciona algo malo, esa persona es el imbécil. La verdad es que nadie es perfecto, vivo o muerto. *¿Qué es perfecto de todos modos?* Sé que mi esposo no era perfecto y nunca lo he creído. O tal vez sí, no lo sé; lo que sí sé es quién era mi esposo y quién no. Mi esposo era un hombre con el corazón más increíble, un hombre que amaba profundamente, un ser humano amable y gentil, el más generoso. Un hombre que perdona, el hombre más inteligente y trabajador que he conocido. Un hombre que podía hacerme reír incluso cuando estaba absolutamente furiosa, un hombre terco, igual a mí. Un hombre que tenía un trauma infantil por el que había trabajado tanto para sanar, un trauma del que nadie sabía, un hombre que estaba dispuesto a estar allí para cualquiera que lo necesitara, sin hacer preguntas. Un hombre que nos amaba a mí ya su hija más que a nadie en este mundo, sin duda. Y mi esposo, también era un hombre que no era perfecto, un hombre que cometió errores, un hombre que había cometido el mayor error de su vida. *Fueron sus palabras.*

Un año y medio después de mi matrimonio, un momento hermoso en nuestra vida, un momento en el que pensé que no podíamos ser más felices, aún en nuestra fase de luna de miel, la vida me dio una bofetada en la cara. Una noche, mientras buscaba un enlace de correo electrónico en la computadora del trabajo de mi esposo, a pedido suyo, descubrí algo así como una bandera roja en su bandeja de entrada de correo electrónico. Cuanto más me desplazaba buscando este enlace, más seguía viendo este correo electrónico en particular: dirección y nombre, una y otra vez. Ahora, hasta este punto nunca había tenido, quiero decir nunca, un problema de confianza con mi esposo. Nunca cuestioné ni dudé de él. Para empezar, nunca fui una persona celosa. Tenía total y absoluta confianza en él. Me habían engañado en el pasado en mis relaciones anteriores, pero con Danny, nunca pensé que tendría una razón para dudar de él. Eso fue, hasta este momento, hasta estos correos electrónicos y el sentimiento en mis entrañas.

De repente tuve esta terrible sensación en el estómago de que algo no estaba bien. Sentí pánico en mi corazón. No te adelantes, Faby, podría ser uno de los agentes de compras del trabajo; la mayoría de sus agentes de compras son mujeres, le dije a mi cabeza, pero mi instinto me decía lo contrario. Mi corazón comenzó a acelerarse, mis manos comenzaron a temblar, algo estaba mal. Cuanto más revisaba los correos electrónicos, más me preocupaba. Finalmente, la preocupación se convirtió en pánico. Mi corazón latía más fuerte y más fuerte que cualquier tambor que hubiera escuchado. Sentí un calor correr por todo mi cuerpo cuando hice clic en el nombre de uno de los correos electrónicos. Al abrir el primero, inmediatamente me di cuenta de que algo no estaba bien. Estos son correos electrónicos personales. Recorrí su historia en busca de pruebas de que lo que estaba viendo y sintiendo era producto de mi imaginación. Pero, para mi decepción, mi instinto tenía razón. Y cuanto más me desplazaba, más descubría. Allí estaban, todos los correos electrónicos que detallaban su aventura, meses de intercambios de correos electrónicos que datan de hace más de un año. *¿Qué mierda estoy leyendo? ¡Esto no puede estar bien! ¡Danny nunca lo haría!* Seguí leyendo los mensajes, uno tras otro con incredulidad.

Al principio parecían inocentes, *"Oye, solo quería saludarte, ¿cómo has estado?"* Pero a medida que el hilo se hizo más largo, se volvieron más y más indicativos de algo más. *"Bean burrito, <su apodo para ella, supuse>, pienso en ti a menudo."* Cada correo electrónico que leí fue una puñalada en el corazón. *"¿Cuándo puedo volver a verte? Te extraño. <Esta mujer estaba enamorada de mi marido>. Me duele saber que no estás bien. Ojalá pudiera cuidarte. ¿Cómo está tu hijo?* Las lágrimas comienzan a rodar por mi rostro. *Lamento no haber podido responderte; estuve fuera el fin de semana. ¿Cuándo podemos hablar?* Miré la fecha, este fue el fin de semana que estuvimos en Santa Bárbara celebrando mi cumpleaños. Ahora entiendo por qué estaba actuando como un imbécil: ¡no podía responder sus mensajes! Estaba abrumada por el dolor, la ira, la incredulidad, la decepción y las preguntas. ¡Mi marido está teniendo una aventura! Este fue el momento en que mi mundo se vino abajo por primera vez. Destrozada en un millón de pedazos.

Me sequé las lágrimas y decidí llamar a Danny; tenía que escucharlo de él. Necesitaba saber la verdad de su propia boca. Estaba en una fiesta de lanzamiento de su trabajo celebrando el lanzamiento exitoso de uno de los cohetes en los que había estado trabajando.

- Hola, nena, dijo mientras respondía al otro lado de la línea.

Podía escuchar un montón de ruido de fondo, pero no me importaba. Me compuse y le pregunté: "Daniel, ¿alguna vez me has engañado?"

- ¿Qué bebé? No te escucho, hay mucho ruido aquí, espera.

Caminó hacia un lugar más tranquilo y le pregunté de nuevo: "¿Alguna vez me has engañado, Daniel?".

- No, respondió.

- Voy a preguntarte una última vez, ¿me estás engañando, Daniel John?

- No. *Pero ahora podía escuchar el nerviosismo en su voz.*

- Entonces, ¿qué diablos es todo esto que estoy leyendo, y quién diablos es esta mujer?"

No pude contenerme más y comencé a desmoronarme. Yo era un desastre de gritos y llantos de una mujer en busca de respuestas.

- Lo siento mucho, mi amor. Lo siento. No significó nada. ¡Ella no significa nada!

Colgué el teléfono, ya no podía escuchar su voz. *Es cierto, es jodidamente cierto. Todo nuestro matrimonio ha sido una mentira.* Este no es el hombre con el que me casé. *¿Cómo podría?* Me devolvió la llamada y no respondí, llamó de nuevo y no respondí. La tercera vez que llamó, respondí, y lo único que se me ocurrió decir fue: "¡Vete a la mierda!", y volví a colgar. Mi mundo se había derrumbado en cuestión de segundos. Lloré hasta que ya no me quedaban lágrimas. Mi cuento de hadas se había convertido en una pesadilla. Deben haber sido las cuatro de la mañana, y él todavía estaba llamando. Estaba lejos, no en casa; gracias a Dios que no había estado en casa, no sé qué habría hecho si hubiera estado. La ira cegadora y el dolor que sentí fueron demasiado para soportar.

Empecé a cuestionarme: *¿No era suficiente? ¿Qué estaba mal conmigo? ¿No era lo suficientemente bonita? ¿Lo suficientemente atractiva? ¿Qué me faltaba? ¿Qué está mal conmigo? ¿Qué hice? ¿Qué no hice? ¡¿Pensé que éramos perfectos?!* ¿Por qué cuando nos lastiman o nos traicionan, la primera persona que cuestionamos somos nosotros mismos?

Al día siguiente, finalmente hablamos; quería hablar, quería saber todo. Necesitaba saber todo, no estoy segura de por qué, sabía que lo que escucharía solo dolería más, pero necesitaba saberlo todo. Tal vez porque sentí que había estado en la oscuridad durante tanto tiempo. Necesitaba respuestas. Si alguna vez iba a perdonarlo, quería la verdad, toda, incluso si me dolía. Esta mujer había sido una novia de la escuela secundaria; ella le envió un correo electrónico meses antes de la nada para "ver cómo estaba" y eso inició el ir y venir de correos electrónicos y mensajes. Esta no fue la primera vez que esto ocurrió; a lo largo de los años, ella "lo controlaba" al azar y había sido su conexión. "Fue una cosa física", dijo. *Maldita bailarina go-go, pensé.* La había buscado en línea, que asqueroso pedazo de mierda con el que te metiste. Yo estaba enojada con ella por ser mujer y no preocuparse lo suficiente como para arruinar a otra, para arruinar una relación, un matrimonio. Quería odiarla, estaba tan enojada con ella, pero más que odiarla, odiaba lo que me había hecho a mí y a mi matrimonio. *¿Por qué no pudo haberlo dejado solo?* Ella sabía que él estaba en una relación comprometida. Quería odiarlo, estaba enojada con él por traicionar mi confianza, por lastimarme de la peor manera posible, por lastimar nuestro matrimonio: él nos había roto.

¿Cómo pudiste hacer esto? ¿Cómo pasó esto? ¿Cuándo la viste? ¿Quién recogió a quién? ¿A dónde fuiste? ¿Dónde estaba? Quería saber todo hasta el último detalle, quería saber cuándo había pensado que su estúpida esposa no sospecharía ni sabría nada.

Una noche, mientras yo estaba en el trabajo, ella lo recogió en nuestra casa, ¡nuestra casa!, y fueron a cenar a la playa en algún lugar Ca-jun. Y después de cenar, follaron en el asiento trasero de su coche, en pocas palabras. No sé qué me dolió más, si el que follaron o que no acabara ahí. Habían mantenido una relación sentimental durante meses. A pesar de que dijo que no había sentimientos hacia ella. "¡Ella era solo una mierda!", dijo. "Era fácil", yo no podía entender esto, si no había significado nada, ¿por qué seguía hablando con ella?

- ¿La amas?

- ¡NO! No tengo absolutamente ningún sentimiento por ella, ¡fue solo físico!

¿Físico? ¡Parece una sucia vagabunda! ¿Es eso lo que te gusta? Estuve dentro y fuera de la rabia durante días, yo estaba enojada. Enojada con él por su traición y su falta de respeto, hacia mí, nuestro hogar y todo lo que representamos. Me mudé, pasaron las semanas. No quería tener nada que ver con este hombre. Sentí que ya no lo conocía. El hombre que una vez había sido mi todo se sentía como un completo extraño para mí. Ni siquiera podía hablar con él. Los correos electrónicos eran todo lo que podía manejar. Mi corazón estaba roto, completamente roto. Quería divorciarme.

Daniel:
Cuanto más lo pienso, analizo y cuanto más recapitulo, más difícil se vuelve para mí. No sé si puedo hacer esto. No sé si quiero seguir adelante en este matrimonio.

Bebé:
Entonces, si no quieres seguir adelante, ¿quieres divorciarte de mí? ¿De verdad eso es lo que quieres? Nunca quiero esto y nunca volveré a hacer nada para lastimarte, por favor, perdóname. ¿No ves que vivo toda mi vida por ti? ¿La jodí hace 8 meses y todo lo que he hecho por ti y compartido contigo se arruinó? Sé que estás tan dolida y enojada conmigo, es tu derecho, pero no olvides que eres mi mundo, mi mejor amiga y la mujer con la que quiero pasar toda mi vida. No tires todo lo bueno que tenemos porque cometí un error. No quiero a nadie más que a ti, ni ahora ni nunca. Por favor, dame la oportunidad de mostrarte que el hombre con el que te casaste era el correcto. Sé que nos tenías en un pedestal y ahora eso está arruinado para ti. Sé que no hay lugar en el cuento de hadas del libro de cuentos para algo feo como esto. No soy perfecto y la jodí mucho. No nos tires porque tienes un conjunto de reglas. Creo que sería un gran error si no me dejas demostrarte mi amor. Te quiero mucho, por favor no me odies, no puedo perderte. Hice esto porque era un estúpido. De hecho, pensé que al verla esa noche

tendría el poder de terminar con ella. No lo hice como tú sabes. Este fue el mayor error de mi vida. Me tomó lastimarte para darme cuenta de mi enorme estupidez. Ella o nadie es "tan buena" como tú dices para causar el dolor que yo te he causado. Debes saber que una noche y algunos correos electrónicos no valen la pena perder a una esposa perfecta como tú. No puedo estar en esta tierra sin ti, necesitas tiempo para pensar. Dime lo que quieres, pero no puedo perderte.

Con amor, Yo.

Me senté en esto durante días; lo odiaba, pero todavía lo amaba. Odiaba lo que había hecho, no quería tener nada que ver con él. ¿Dónde comienza uno a sanar cuando su mundo se ha derrumbado? ¿Cómo se cura uno de este tipo de traición? ¿Cómo se supera algo así? A esto siempre había tenido miedo: la traición y un matrimonio fallido. Le había expresado esto a Danny cuando empezamos a salir. Recuerdo vívidamente preguntarle si alguna vez había engañado a alguien en sus relaciones pasadas, su respuesta siempre fue un no. "¿Por qué siempre me haces esta pregunta?", preguntaba. "Porque dice mucho sobre el carácter de alguien, y prefiero saber ahora que más adelante en la línea. No quiero enamorarme de un hombre que es engañoso". Una vez que lo hicimos "oficial" y nos convertimos en pareja, mis temores se intensificaron; Me estaba empezando a gustar mucho este chico. Pero, ¿y si me hace daño? Una noche muy tarde (o temprano en la mañana) cuando no podía dormir, le escribí un correo electrónico expresándole este miedo. Mi correo electrónico decía:

Solo quería saludarte de una manera diferente y decirte lo feliz que estoy.

Estos últimos meses parecen casi demasiado buenos para ser verdad. Sabes que tengo miedos y me gustaría expresarte esto:

Tengo miedo de amarte, porque tengo miedo de perderte.

Tengo miedo de ser parte de tu vida.

Tengo miedo de cuidarte porque entonces, no habrá nada más que cuidar.

Tengo miedo, porque no quiero estar loca por ti.

Tengo miedo, pero sé que quiero estar contigo.

Tengo miedo de darte todo mi corazón y mi alma, porque solo puedes romperlos.

A esto respondió:

Hola de nuevo, nena:

Sé que acabo de hablar contigo y te dije que no hay razón para tener miedo, pero déjame compartir esto contigo.

¡Estoy loco por ti! Creo que ambos tenemos sentimientos muy fuertes el uno por el otro y miedos similares. Se siente genial estar en la misma página. Es bastante raro encontrar a dos personas que se sientan tan bien el uno con el otro. Tú lo sabes.

Soy impaciente y exigente y tú me estás ayudando con eso al igual que yo te ayudaré con tus miedos de ser lastimada al seguir mostrándote, diciéndote y expresándote cuánto me importas. ¡¡¡Verás!!!

Cuanto más te "abras" y te enamores de mí, mejores serán las cosas para los dos. Prometo. Me doy cuenta de que el comportamiento habitual con los chicos es tan pronto como les das tu corazón, lo dan por sentado y terminan lastimándote. Mientras no te vuelvas loca esto no sucederá. No puedo prometerte el mundo, pero puedo prometerte que siempre seré honesto, digno de confianza y la mejor persona que puedo ser.

Buenas noches.

"No puedo prometerte el mundo, pero puedo prometerte que siempre seré honesto, digno de confianza y la mejor persona que puedo ser." Estas palabras se quedaron conmigo, esta línea me hizo enamorarme de él. Esta línea me hizo creer en él, en nosotros, en un futuro juntos. A menudo le recordaba estas palabras. Quedaron grabadas en mi corazón, y él había roto todas y cada una de estas promesas. Había hecho realidad mi peor miedo. El rompió mi corazón. Pasaron semanas antes de que pudiera hablar con él como una persona normal. Tenía tantas preguntas. Tantas dudas. Tanto dolor dentro de mí, dolor del que nunca pensé que podría recuperarme, dolor que nunca pensé que podría perdonarlo. ¿Podría volver a confiar en él?

¿Podría alguna vez verlo de la misma manera que solía hacerlo? No nos habíamos visto. Me enviaba correos electrónicos a diario sin saber si los leería o no. Él solo esperaba que lo hiciera.

Hola bebé:

Quiero decirte cómo me siento. Acabo de volver de la tienda de comestibles. Estoy seguro de que debes sentirte súper mierda porque yo me siento extremadamente mierda y triste. Se siente como si hubieras roto conmigo o algo así. Estás ahí odiándome y yo estoy aquí amándote y triste. No quieres hablar conmigo y te extraño mucho. Todo lo que hago sin ti aquí me recuerda cómo me sentiría si no quisieras estar conmigo. Ir al supermercado siempre fue una maravilla contigo, pero hoy, solo, fue lo más deprimente que he vivido. Ni siquiera podía comprar mucha comida. La parte más emocionante fue que conseguí una oferta de vino para ti. Te lo llevaré este fin de semana, incluso si no quieres verme este fin de semana, iré. Puedo dejar las cosas que necesitas e irme a casa si quieres. Limpiar la casa y lavar la ropa también fue muy triste. Te imaginé haciéndolo y yo pellizcando tu trasero. Haré un mejor trabajo volteando mis calcetines al derecho.

No puedo estar en esta tierra sin ti,
Con amor, Yo.

Hola bebé:

Me siento como un idiota que nos puso donde estamos ahora. Suena tan patético de mi parte convencerte de que me ames con palabras mientras mis acciones te hieren tan profundamente. Rezo para que puedas perdonarme por lastimarte tan terriblemente. Eres la persona más grande e importante que conozco. Lo siento, ya no soy la mejor persona que conoces. Espero recuperar ese título muy pronto,
Con amor, Yo.

Quería verlo en persona, quería saber qué sentiría y cómo me sentiría al verlo. En persona, podría mirarlo a los ojos y sentir su sinceridad o sus mentiras. "Deberíamos hablar", le dije. "En persona". Apareció en la puerta con rosas blancas (mis favoritas), vino, una cara llena de vergüenza y tristeza. Me di cuenta de que no había dormido mucho. Tenía lágrimas en los ojos. "Lo siento mucho", dijo. "Nunca quise lastimarte; fui tan estúpido. Te quiero mucho, Faby. Por favor, tienes que perdonarme".

El hombre que solía conocer ya no era el hombre que estaba delante de mí. El hombre que solía conocer nunca me habría traicionado, lastimado, roto. Amaba al hombre que solía conocer. Odiaba al hombre que me había engañado. Pero también todavía amaba al hombre que estaba delante de mí. Sabía que el hombre del que me había enamorado todavía estaba allí. Su corazón era bueno. Había tomado una decisión terrible y estúpida que cambiaría para siempre nuestra historia, y yo no sabía qué hacer ni cómo sentirme. Me quedé allí parada. Lágrimas de tristeza, ira, dolor, desilusión y amor corrían por mi rostro. *¿Cómo podemos superar esto? ¿Estoy dispuesta a superar esto? ¿Quiero superar esto?*

Todavía lo amo, eso lo sé, pero ¿es suficiente? Antes de que pudiera pronunciar alguna palabra, nos abrazamos y, por un breve momento, todo se sintió bien.

★ ★ ★

Los siguientes meses fueron de los más duros: llenos de dudas, incertidumbre, ira y lo que quedaba de nuestro amor, pequeño o grande. Quería luchar por mi matrimonio y, al mismo tiempo, no sabía cuánta lucha tenía en mí. Estaba tan dispuesta a rendirme tantas veces. La ira que sentía por dentro me consumía, pero la esperanza a la que me estaba esforzando tanto por aferrarme, esa esperanza pendía de un hilo. Volvería a casa, pero ¿me quedaría? no estaba segura, no confiaba en mi marido. Y por mucho que lo intenté, no pude mirarlo de la misma manera. No pude evitar cuestionarlo cada vez que decía que me amaba. Cada promesa se sentía como vacía. ¿Cómo podría continuar si todo lo que dijo e hizo se sentía como una completa mentira? Hubo momentos en los que dejé que se acercara, pero tan pronto como me tocó, todo lo que pude pensar fue: *¿Así es como la tocaste?* Todas las noches, mientras estaba en el trabajo, no podía evitar imaginarlo saliendo a escondidas de la casa para encontrarse con ella. Quiero decir, así es como lo había hecho, en una noche mientras yo estaba en el trabajo hasta tarde. No importaba dónde estuviera o lo que hiciera, no podía concentrarme. Ya sea sola o con él, no podía deshacerme de los sentimientos de traición. Lo quería, pero también lo quería fuera de mi vida. Mi cerebro estaba en constante conflicto con mi corazón. Deseaba que pudiera retractarse, rebobinar el tiempo y deshacer su jodido error. Había roto todas las promesas. Había roto todos los votos que habíamos hecho cuando nos casamos.

"No se puede poner condiciones al amor, al matrimonio", dijo el sacerdote que nos casó. Y una de las preguntas primarias y más importantes que nos hizo en ese momento fue: "¿Perdonarías una infidelidad?". Me senté en esta pregunta durante mucho tiempo; fue durante un cuestionario previo al matrimonio para averiguar qué tan compatibles éramos Danny y yo y cuáles eran nuestras ideas sobre el matrimonio. Mi instinto del ego inicial me había dicho que no de inmediato, pero después de expresar mis pensamientos en voz alta y después de considerar la lógica del sacerdote de poner condiciones al amor y al matrimonio, respondí que sí a esta pregunta. Yo perdonaría. Pero solo dije esto pensando que nunca me pasaría a mí ni a nosotros ni a nuestro matrimonio. Éramos sólidos, o eso pensaba, un equipo casi perfecto. Habíamos sido la envidia de tantos a nuestro alrededor, y no porque lo intentáramos, sino porque naturalmente encajamos juntos. Naturalmente, éramos un equipo. Nunca se echó para atrás como el típico chico que intentaba ser *cool* y ocultar sus sentimientos. Danny no era así, me amaba y lo demostraba siempre. La gente nos veía como esta "pareja perfecta" y yo también lo había creído. Yo también pensé que éramos "perfectos" para nosotros, el uno para el otro; resultó que no lo éramos. Y esa pregunta que nos había hecho el cura había vuelto para atormentarme. *¿Puedo perdonar la infidelidad?* *¿Perdonaría su infidelidad?*

Hubo momentos en los que pensé que podía perdonarlo. Todavía lo amaba, más de lo que quería admitir ante mí misma o ante él. Hubo momentos en los que sentí que lo había perdonado un poco y que estábamos avanzando, en la dirección correcta. Podía verlo realmente tratando de ganarse mi confianza de nuevo. Sentí su sinceridad, pero luego, la ira y la duda se apoderaron del amor. El resentimiento me cegó. Momentos de ira llegaron como un tsunami; tuve momentos en los que arremetía y peleaba. Grité y le tiré cosas a la cara cada vez que pude (porque pude y tenía derecho). La había jodido, después de todo.

"Eres un imbécil que fue y se folló a otra mujer. ¿Cómo puedo confiar en ti? ¿Cómo puedo creer tus te amo? ¡No creo nada de lo que me dices!". Esto continuó durante meses. Tuvimos algunos días buenos, y luego, cualquier pequeño paso en falso que diera, usaría su error para dejarlo tenerlo. .No podíamos seguir así. No podía hacer esto por más tiempo. Me dije a mí mismo que si realmente iba a darle otra oportunidad a este matrimonio, tenía que darlo todo, de lo contrario, simplemente debería alejarme.

Siendo el reparador que siempre he sido, comencé a investigar cualquier cosa que pudiera encontrar que pudiera ayudarnos. Leí todos los libros de autoayuda sobre el matrimonio que encontré. Leí libros sobre cómo arreglar un matrimonio roto, cosas que nunca pensé que estaría leyendo. Tenía una colección completa de libros que pensé que podrían ayudarnos a salvar este matrimonio. Danny hizo su propia investigación como reparador. Se acercó a un antiguo consejero/terapeuta, habló con un sacerdote con la esperanza de que pudiera obtener una idea como la que teníamos cuando estábamos en consejería prematrimonial. Habló con nuestras parejas de amigos mucho mayores y más sabios, parejas a las que admiraba y pensó que podrían darle consejos que podrían ayudarlo.

Estaba desesperado por curarnos, por seguir adelante y esforzarse por ser el mejor hombre que sabía que podía ser. Estaba en la naturaleza de Danny querer mejorar las cosas, querer amar y proteger a alguien que había sido profundamente herido, en este caso particular, yo, nosotros, nuestro matrimonio. Como pareja de fe, decidimos juntos hacer un esfuerzo, e hicimos una cita para hablar con el sacerdote que nos había casado, con la esperanza de que pudiera guiarnos en la dirección correcta. En nuestra reunión con el padre, decidimos que un retiro en pareja podría ser bueno para nosotros. Podría ayudar a sanar las heridas y ayudarnos a avanzar en nuestro matrimonio. Un retiro, esperábamos, abriría nuestros corazones sin dudarlo. En el retiro, pudimos encontrarnos nuevamente y descubrir formas de aprender a confiar, amar sin condiciones y, en última instancia, sanar nuestro matrimonio.

El viaje al retiro fue tranquilo. No teníamos mucho de qué hablar, no sabía qué esperar de él en este retiro o si debía esperar algo en absoluto. ¿Qué podría arreglar la confianza rota en nuestro matrimonio? Una vez que llegamos allí, nos separaron. No se nos permitió dormir en los mismos cuartos, solo se nos permitió vernos en horarios de reunión específicos para discusiones grupales y ejercicios en pareja. En realidad, fue bastante agradable no verse obligados a estar juntos.

Al principio, estaba feliz de no estar con él, pero a medida que pasaban los días mientras trabajábamos en algunas de nuestras emociones y sentimientos, comencé a desear vernos.

Casi se sentía como si estuviéramos saliendo de nuevo, nos escribimos cartas de amor y caminamos y hablamos y exploramos los terrenos mientras aprendíamos a hablar y a escucharnos de nuevo de una manera amable y amorosa.

Aprendimos sobre los cinco lenguajes del amor: palabras de afirmación, tiempo de calidad, obsequios, actos de servicio y contacto físico. Aprendimos las formas individuales en que expresamos amor y lo que nos hizo sentir amados. Solía pensar que sabía cómo Danny amaba y se sentía amado, pero, ¿tal vez no lo sabía? ¿Tal vez él tampoco conocía realmente mi lenguaje de amor? Esto fue revelador y perspicaz como una pareja joven casada. Aprendí que el principal lenguaje de amor de Danny eran los actos de servicio, no lo que pensé que serían los suyos. Mi principal lenguaje de amor es el contacto físico. Toque físico: lo último que quería en este momento era que me tocara. ¿Le permitiría que me tocara de nuevo?

Al final del retiro, me sentí más conectado con Danny de lo que nunca pensé que me sentiría en tan poco tiempo. El retiro no solucionó todos nuestros problemas o mis dudas, pero definitivamente me permitió ver las cosas —nosotros— bajo una luz diferente. Tal vez había un futuro para nosotros. ¡Tal vez podamos recuperar lo que una vez tuvimos! Tal vez valía la pena luchar por nuestro amor. ¿Podríamos volver más fuertes después de esto? Nunca olvidaría lo que había hecho, y no estaba segura de que alguna vez lo perdonaría por completo, pero tal vez esto fue un paso adelante, un paso en la dirección correcta. A diferencia de cómo habíamos llegado al retiro, apenas hablándonos, el camino a casa fue todo lo contrario. En realidad estábamos hablando y no cosas superficiales tampoco, conversaciones duras, vulnerables y profundas. Estaba aprendiendo más sobre mi esposo, y él, más sobre mí. Me sentí conectado nuevamente por primera vez en mucho tiempo, y antes de que nos diéramos cuenta, estábamos tomados de la mano, besándonos y haciendo el amor, el amor apasionadamente.

Una noche, mientras buscábamos en la televisión una película para ver, nos encontramos con la película Fireproof, una película dramática cristiana estadounidense sobre un bombero que, tras el audaz rescate de un completo extraño, se da cuenta de que ha fracasado como esposo. En un intento desesperado por salvar la relación con su esposa, se embarca en un viaje basado en The Love Dare, un libro cristiano de autoayuda, donde emprenderá una misión de cuarenta días para rescatar a su matrimonio del espectro inminente del divorcio. Esta película nos impactó e inició el cambio que necesitábamos para avanzar en nuestro propio matrimonio.

Sin que yo lo supiera, Danny tomó la iniciativa y fue *all-in;* compró los libros y las revistas y fue a toda máquina. Se embarcó en el viaje de The Love Dare, el desafío de cuarenta días que lo ayudaría a comprender y practicar el amor incondicional. Nuestro matrimonio pendía de un hilo y este viaje nos dio esperanza. El desafío del amor lo hizo concentrarse en sí mismo y en su corazón; empecé a ver cambios en él y en nosotros, cambios que empezaron a reparar nuestro matrimonio. Puso el trabajo día tras día, sin darse por vencido. Y antes de que me diera cuenta, empezamos a sentirnos como antes. Empezamos a enamorarnos el uno del otro de nuevo, intencional e incondicionalmente. *No se pueden poner condiciones al amor y al matrimonio.* Nos estábamos divirtiendo de nuevo, riéndonos y conectándonos.

Nos tomó mucho tiempo recuperarnos de su infidelidad, ya que la traición y la confianza rota no es algo de lo que uno pueda recuperarse fácilmente, pero nos esforzamos y luchamos por nuestro matrimonio. Cuando emprendimos el viaje para sanar nuestro matrimonio, yo no tenía idea de cómo lo superaríamos todo, o si alguna vez podríamos, pero decidí darle a nuestro matrimonio una segunda oportunidad, y estoy muy contenta de haberlo hecho.

Por Emma

Espero que algún día puedas leer esto y sepas cuánto te amo.
Y lo mucho que papá te amaba

Después de un tiempo, ya que terminaron los servicios de Danny, los amigos y la familia regresaron a la vida normal y la realidad de mi nueva vida se asentó. Comencé a sentir una soledad extrema. Ya no estaba planeando servicios como una loca, yendo a una cita tras otra, manteniéndome en movimiento y ocupada ni constantemente rodeada de gente que mantenía mi mente ocupada. La gente había comenzado a volver a la vida normal, lo que me pareció injusto.

¿Por qué tienen que volver a la normalidad? ¿Por qué ellos salen de aquí completos mientras yo me quedo destrozado?

¿Por qué ellas todavía tienen marido y yo no? ¿Por qué sus hijos tienen un padre y la mía no? Me sentí estafada. ¿Por qué Dios nos ha castigado? ¿Qué hice yo para merecer esto?

Mi vida se movía a un ritmo más lento, casi en cámara lenta; caminé alrededor en una niebla, en negación. *¿Es esta realmente mi vida?* Durante el día, a veces mi hermana, los vecinos o algunos de mis amigos todavía me visitaban. Vinieron y se sentaron y tomamos vino, mucho vino. Quería adormecer el dolor, quería olvidar que esta era mi vida en vez de la vida que debería estar viviendo; quería despertar de la pesadilla y recuperar mi antigua vida, pero nada parecía funcionar. Quería tanto volver a unir mis pedazos, y al mismo tiempo, yo también quería desaparecer. Danny había muerto y algunos días, quería morir con él.

Emma me mantuvo bastante ocupada siendo mamá, lo cual me salvó la vida; si no hubiera sido por ella, probablemente me habría perdido, no sé dónde estaría hoy. Emma tenía tres años y la mayor parte del tiempo no se daba cuenta de lo que pasaba. Mi mamá se ofreció a quedarse conmigo un par de meses o el tiempo que necesitara, para ayudarme con Emma, ayudarme y ser mi apoyo moral, pero no sabía cómo dejarla entrar. No lo hice. No supe cómo dejar entrar a nadie. ¡¿Cómo podría alguien entender lo que estaba sintiendo y pasando?! *No pueden ayudarme, no pueden arreglarme, pensé.* Eso, y nunca he sido alguien que pida ayuda, hable o muestre sus emociones. Creo que de mala gana me aislé de la gente. Pero, ¿cómo se suponía que ellos debían saber lo que yo pensaba? ¿Qué hacer o decir? o ¿cómo comportarme cuando mi mundo acababa de desmoronarse? No hay un manual para la viudez, no hay instrucciones. Todo el mundo sufre de manera diferente y esta era mi manera; todavía lo es a veces. Fue increíblemente difícil para mí dejar que alguien entrara al mundo en mi cabeza y corazón.

Pero mientras cuidaran de Emma, yo estaba bien; me sentía mejor, podía respirar. Los padres de Danny venían todos los días para ver cómo estábamos, pasaron horas con nosotros y luego volvían a casa. Para nosotros, pasar tiempo juntos, era reconfortante; necesitábamos eso. Danny había sido la conexión entre nosotros, y mientras estuvimos juntos, Danny también estuvo con nosotros. Entre Papa Mike, Andrea y mi mamá que se quedaron conmigo, se aseguraron de que mi hija siempre estuviera feliz y bien. Esto fue increíblemente útil para mí, especialmente en los días en que no podía funcionar y era más un zombi que una mamá. Emma era mi razón para levantarme de la cama por la mañana, ella era la razón por la que funcionaba en absoluto. Pero una vez que llegó la noche y la acosté, la realidad me golpeó.

La noche era lo peor, todo estaba en silencio. Por lo general, ponía algo de ruido o saltaba a la ducha para llorar, la ducha era donde me permitía liberarme. Mis lágrimas se entremezclaban con el agua que me caía por la cara y no sabía cuál era cuál. Temía meterme en la cama; mi cama vacía. Todavía ni siquiera podía mirar su lado; su lado vacío de la cama. Quería tanto sentirlo a él y su abrazo. ¡Maldición!, incluso extrañaba sus ronquidos ocasionales y sus guerras de pedos sin parar. Todo duele, habría dado cualquier cosa por tenerlo de vuelta; cualquier cosa. Con mucho gusto habría cambiado de lugar con él, pero no pude. Y esta era ahora mi vida. Me acosté abrazando su almohada y lloré hasta dormirme todas las noches, todavía lo hago a veces.

En las noches en que parecía que no podía cerrar un ojo, caminaba por la casa como un zombi. Nunca he sido, ni he visto, un sonámbulo, pero imagino que es así. Caminé de la habitación a la sala de estar, de la cocina a la sala de estar, del baño a la habitación, al piso de arriba -para ver cómo estaba Emma, para asegurarme de que respiraba- al piso de abajo, a la habitación... Necesitaba algo que hacer, necesitaba una salida, lo necesitaba para liberar algunos de estos sentimientos que no había podido expresar. Entonces, una noche agarré papel y lápiz y con lágrimas corriendo por mi rostro, comencé a escribir.

Noviembre 19, 2015
Estoy comenzando este diario para mi pequeño amor, Emmy.

Espero que algún día puedas leer esto y sepas cuánto te amo y papá te amaba.

Estos son solo mis pensamientos y recuerdos de nuestro amor, la vida juntos y cómo es/ha sido la vida sin él. Siempre te querré, Daniel John Ryan.

Mi amor:

Ha pasado más de un mes desde que te fuiste. Lo estoy pasando tan mal...

Durante el último mes, he estado fuera de mí. Me las arreglé para hacer arreglos y hacer que las cosas sucedieran en cuanto a llevarte a casa, a tu lugar de descanso, pero para ser honesto, ni siquiera sé cómo hice que eso sucediera.

Se supone que vamos a dar un paseo conmemorativo en Dove Springs este fin de semana (saldremos mañana) y tengo mucha ansiedad. ¡¡¡¡¡¡Te echo mucho de menos!!!!!! Las últimas semanas he tratado de ser tan fuerte para ti, para Emmy... Me he adormecido, he estado en negación y he tratado de no llorar, pero los últimos dos días he llorado como un bebé. Yo solo te extraño mucho. Parece imposible que me hayas dejado, nos hayas dejado. ¡Mi amor, Te extraño mucho!

Hoy fui a Ralph's a comprar agua y vino para este fin de semana.

Emmy quería tanto este juguete de Dora que se lo compré. En el auto, lo abrí para ella y luego volví a la entrada de Ralph's (afuera) para tirar la basura del empaque. Cuando tiré la basura, noté una taza SpaceX en el contenedor. Me tomó un minuto registrar que lo había visto correctamente, pero, de hecho, había una taza SpaceX allí. ¿Era esto una señal?

Noviembre 22, 2015
Mi amor:
Regresamos de Dove Springs hoy temprano. Estuvo bien. Emmy se lo pasó genial; montó en una moto de cross por primera vez. Ojalá hubieras estado aquí para haber sido el que viajara con ella. Sin embargo, el tío Adam y el tío Josh fueron increíbles. Tenía la sonrisa más maravillosa en su rostro todo el tiempo. ¡Ella es tan tu hija!

Ok, hubo un momento en el que te juro que te vi afuera de la ventana de la caravana de mamá y papá Ryan. ¡¿Eras tú?! Te extraño tanto, mi amor. Estar allí escuchando las motos de cross, oliendo el combustible, todo me recordaba a ti, este era tu mundo. Una parte de mí siente que no pertenezco. Conozco este mundo gracias a ti, ahora me siento perdida… Tan perdida.

Escribirle a Danny se convirtió en mi salida. Fue doloroso pero reconfortante, quería dejar salir de mi alma todo aquello a lo que me había estado aferrando. Necesitaba tanto hablar con él, contarle sobre nuestros días y lo que estaba sintiendo; no podía hablar con nadie más de la forma en que solía hablar con él. A menudo le hablaba en el coche o le hablaba en voz alta al aire, a las nubes. Echaba de menos a mi marido. Quería escuchar su voz, anhelaba sus abrazos, sus besos… El tiempo seguía pasando y algunos días se sentían más difíciles que otros; las vacaciones se acercaban pronto y las temía. *¿Cómo podría superarlas sin él?* Se estaba perdiendo gran parte de nuestras vidas, se estaba perdiendo de ver crecer a nuestra bebé. Dolía saber que Emma nunca tendría más tiempo con su *Dadda*. Danny había deseado tanto ser padre, cuando nos enteramos de que íbamos a tener gemelos, él fue el que no pudo guardárselo para sí mismo. Quería gritarlo a los cuatro vientos *¡¡¡Vamos a tener mellizos!!!* Rápidamente nos hizo ir a la casa de sus padres para darles la noticia, a pesar de que había dudado mucho en compartir. Tenía miedo de compartir la noticia y, como en nuestros embarazos anteriores, perder a mis bebés, pero él no había podido contener su entusiasmo.

Besó mi vientre una y otra vez rogándome que compartiera la noticia.

- ¡Te amaré más que ayer!, él dijo.

- Claro que lo harás, respondí mientras sacudía la cabeza, pero finalmente acepté. ¿Cómo no iba a hacerlo? Estaba tan emocionado y tan lindo.

Después de que perdimos al gemelo de Emma y experimentamos todo el trauma que vino con el nacimiento de Emma, el amor y el aprecio de Danny por la pequeña vida que nos habían regalado eran más que evidentes. Nuestra hija era su orgullo y alegría, su razón de ser. Danny y yo hablábamos a menudo sobre todas las cosas que queríamos inculcarle, los valores que queríamos enseñarle y los traumas que no queríamos transmitirle. Danny tuvo una infancia tumultuosa, al igual que yo, y juramos que haríamos todo lo posible para hacer algo diferente por nuestra hija. Más que nada, no podíamos esperar a ser padres. Danny estaba ansioso por ser un padre práctico, para guiarla y enseñarle, y un día, llevarla orgullosamente al altar. Emma ni siquiera había estado caminando cuando Danny ya la tenía sentada en el garaje con él, encima de una moto de cross o jugando con algunas de sus herramientas. Había estado tan ansioso por mostrar, enseñar y hacer con ella muchas de las cosas que había y no había podido experimentar cuando era niño. Habló de tomar a Emma de la mano y enseñarle todo lo que sabía. Algún día será una pequeña ingeniera, dijo. A veces, pienso esto también; ella definitivamente tiene su mente de ingeniería. Le encanta jugar con las cosas como solía hacerlo él. Cuando escucho historias de Danny cuando era niño, es como si también estuvieran hablando de Emma. Danny estaría tan orgulloso de ella.

Y ahora, Danny no estaba aquí para enseñarle a Emma a andar en bicicleta o ayudarla a llevarla a la escuela. Él nunca le dirá lo inteligente que es ni le preguntará si le gusta su nueva escuela. Se perderá todos sus hitos y los temidos años de la adolescencia. No podrá darle un consejo la primera vez que un chico le rompa el corazón, y no estará aquí para acompañarla por el pasillo de la forma en que siempre soñó que lo haría. Lamento la muerte de Danny tanto como el futuro que nunca tendremos juntos. Hay días en los que me siento fuerte y orgullosa de mí misma por seguir adelante, y otros en los que me compadezco de mí misma y me quejo con los demás; entonces reclamo al universo cuán injusto es todo esto y le pregunto a Dios por qué estoy siendo castigada. *¿Qué he hecho en una vida pasada que estoy pagando en esta?*, a menudo me pregunto. Pero tal como lo he hecho antes, me levanto, recojo los pedazos rotos y sigo adelante.

Secuelas

Quiero tener fe en lo que viene después,
aún no sé lo qué eso será, pero espero que sea algo bueno

El accidente de Danny fue la peor experiencia que he tenido que vivir. Me he despertado con pesadillas, llanto, hiperventilación e incapaz de respirar mientras revivo esa horrible noche. Y aunque no estaba físicamente allí cuando ocurrió el accidente y solo estuve allí después de sostener el cuerpo sin vida de mi esposo, mi cerebro ha reconstruido el evento. Tuve suficiente información detallada que me dieron los testigos, y, a través del informe de la autopsia del forense (que tuve que leer) detallando cada segundo de esas horas, pintando un cuadro completo de lo que ocurrió. Lo que había comenzado como el último paseo de la tarde en barco de los chicos, se convirtió en la peor noche de mi vida, y la peor pesadilla de todos.

Danny, un navegante ávido y experimentado, conducía el bote. Su amigo, Tim, estaba en el asiento del pasajero, y el otro amigo de Danny y sus dos hijos pequeños, de la edad de Emma, estaban en el asiento trasero. Fueron río abajo durante aproximadamente una milla y luego regresaron río arriba aproximadamente una milla y media, estaban a punto de hacer su último giro para regresar a nuestra casa, cuando fueron chocados. El otro bote salió de alguna parte y golpeó directamente donde Danny estaba sentado, lanzándolos al menos 100 yardas río arriba y al agua -que es lo que vi-. Los pasajeros en la parte de atrás tenían heridas menores (cortes, raspaduras) y uno de los niños tuvo que recibir algunas grapas en la parte posterior de la cabeza. Tim sufrió fracturas en las costillas y sufrió mucho dolor durante algunas semanas, no lo vi después de que lo llevaron en la camilla a la playa. Y mi esposo, fue asesinado instantáneamente. Traumatismo craneal y torácico por fuerza contundente, según el informe del forense; eso fue lo que finalmente causó la muerte de mi esposo.

Una decisión, un último paseo de chicos de la noche y

todo cambió. Mi vida y la de mi hija cambiaron para siempre. Vivo con el trauma que presencié esa noche, puedo oírme gritar el nombre de Danny pidiéndole que se despierte, ambos cubiertos en su sangre. Reproduzco esta escena una y otra vez en mi cabeza con la esperanza de despertar, con la esperanza de cambiar el resultado, pero no hay nada que pueda hacer para cambiarlo. Y no hay nada que pueda hacer para que desaparezca.

A la gente le gusta decir que todo sucede por una razón, pero no veo por qué nos pasó esto a nosotros. No veo ninguna razón por la que me quedé viuda de treinta y dos años, con una niña de tres años con necesidades especiales que ya había sufrido bastante. Después de la muerte de Danny, perdí toda mi fe. No podía entender por qué Dios nos haría sufrir de esta manera o lo que había hecho para merecer esto. Me he culpado *Debería haber estado allí. Tal vez podría haberlo salvado.* Y en esos momentos de duda, tuve que recordarme a mí misma que no fue mi culpa. He cuestionado mi vida, he cuestionado mi propósito, no solo había perdido a mi esposo, también había perdido un futuro. La mayoría de las personas en nuestras vidas solo ven una fracción de nuestra pérdida, solo ven nuestra pérdida principal: mi esposo, pero hay tantas pérdidas secundarias que la gente no ve: identidad, intimidad, seguridad, asociación, un sistema de apoyo, sueños para un futuro, un compañero de crianza y mucho más. Al perder a Danny, también me perdí a mí misma, fui cambiado a nivel celular, y de eso no hay vuelta atrás. Un día a la vez, he recuperado la fe. Fe en algo más grande que yo, fe en mí misma, fe en un futuro, fe en lo que viene después. Me despierto cada mañana y trato de encontrar un propósito.

Cinco

*Un año de nuevos desafíos, nuevas metas, vivir con intención
y esperar lo que viene después*

Cinco. "Cuando Emma cumpla cinco años, le haré la
fiesta de cumpleaños más increíble con el tema del Cinco de
Mayo", le dije a Danny mientras nos sentábamos en la Unidad
de Cuidados Intensivos Pediátricos del Children's Memorial en
Long Beach. Dos meses después de la UCIN, después de una
visita a uno de sus gastroenterólogos donde había cometido un
gran error médico con su sonda de alimentación (colocación
del botón MIC-KEY) que casi nos cuesta la vida, Emma
fue transferida del Little Co of Mary Hospital en Torrance y
admitido en el Children's Hospital en Long Beach. Emma se
sometió a una cirugía de emergencia en la que tuvieron que
abrirle todo el estómago para enjuagar sus entrañas antes de
que se volviera séptica. Debido a la historia y el estado frágil
de Emma, la UCIN la readmitió por una noche mientras la
trasladaban a la UCIP, que el hospital no proporcionó. Esta fue
una de las experiencias más aterradoras por las que un padre
podría pasar, especialmente después de apenas haber sobrevivió
a la UCIN. Nuestra bebé estaba luchando por su vida una
vez más. Esto era a fines de diciembre, lo que significaba que
pasaríamos los días festivos, Navidad y Año Nuevo en el hospital.
Danny y yo no queríamos dejar a Emma ni por un segundo, así
que durante las siguientes semanas nos quedamos en la casa de
Ronald McDonald, frente al hospital.

Estábamos tan asustados por la vida de Emma y la
incertidumbre de lo que vendría después que necesitaba tener
esperanza en el futuro. Necesitaba algo que esperar, sabía que
mi hija era una luchadora y que sobreviviría una vez más, pero
mi mente se estaba volviendo loca. Necesitaba una distracción
y mirar hacia el futuro, hacer un plan, me dio esperanza. "Voy
a contratar un mariachi y un taquero y traer todas las bebidas y
dulces de México. Voy a decorar con los colores más vibrantes,
y voy a..." Danny solo escuchó. Estaba acostumbrado a mis ideas

de planificación de grandes fiestas, y aunque cinco parecían inalcanzables, me sentí esperanzada. Quería planificar con anticipación, quería ver un futuro, un futuro en el que mi niña tuviera un futuro. Llegar a cinco se convirtió en mi objetivo, algo que esperar para mi lugar feliz, el gran hito. Y la pequeña y feliz planificadora de eventos que hay en mí, tuvo años para planificar la fiesta más grande que íbamos a tener. Danny negó con la cabeza, puso los ojos en blanco y sonrió. Sabía que esto sería toda una "producción de Faby" y nada me haría cambiar de opinión.

"Ok, mi pequeña planificadora, hagamos que suceda. ¡Nuestra pequeña familia se lo merece, y sabes que me encantan unos tacos!". Unos meses antes del quinto cumpleaños de Emma, recordé esta conversación. El quinto cumpleaños de Emma se cernía sobre mí; no podría hacer esta fiesta de cumpleaños ahora, no sin Danny, ese había sido nuestro plan, nuestra fiesta, nuestro hito, nunca sería lo mismo sin él. Cuanto más se acercaba Emma a los cinco, más se intensificaba mi dolor. Estaba enojada porque Danny no podría ser parte de este gran acontecimiento en la vida de nuestra hija, estaba enojada porque tendría que hacer esto por mi cuenta, estaba triste por Emma, aunque ella no tenía idea. Ella no sabía cuánto significaba este cumpleaños para mí y para su papá. Cuando ella nació, con todas las probabilidades en su contra, no estábamos seguros de llegar al primer año, y aquí estaba yo ahora, con una niña de casi cinco años. Una mañana, después de mucho dolor procesado, me desperté con una nueva mentalidad: "¡Al diablo! Voy a tener la fiesta de Emma, no solo para ella sino también para Danny, ¡y para mí también!" Merecíamos celebrar este acontecimiento increíble; Danny lo hubiera querido. Entonces, entré en modo loco de planificación de fiestas. *Pude ver a Danny sacudiendo la cabeza, poniendo los ojos en blanco y sonriendo.* Pasé meses planeando cada detalle, tal como lo había imaginado esa noche en la UCIP, hice invitaciones, reservé el mariachi, pasé noches interminables elaborando cada cosa en mi tablero de Pinterest. Incluso, reservé al chico de los tacos que Danny siempre había amado, *El dulce y el tequila,* directo de México vendría.

Yo estaba emocionada, esperanzada. Sabía que Danny estaría allí con nosotros todo el camino. Cuando finalmente llegó el día de la fiesta, sentí una sensación de logro, no solo por haber organizado una fiesta, sino también por haber llegado a los cinco. Emma alcanzó este asombroso objetivo que alguna vez pareció tan lejano, estaba orgullosa de nosotros por llegar a cinco por nuestra cuenta, por haber llegado tan lejos. Los últimos dos años fueron algunos de los momentos más increíblemente difíciles de nuestra vida, pero de alguna manera llegamos hasta el día de hoy. Yo era una joven viuda y mamá solitaria de nuestro milagro más preciado, mi hija de cinco años. Lo logramos, sobrevivimos; y esta celebración sería para todos nosotros. Por el dolor y las alegrías y la esperanza que nos ha llevado a través de nuestra pérdida, pero también, por el amor que permanecería para siempre.

La fiesta se armó maravillosamente; serpentinas de colores, pancartas y flores de papel gigantes llenaron todo mi patio trasero. Las mesas altas de pub estaban dispuestas y cubiertas en tonos de rosa intenso, verde azulado, amarillo y rojo. Sarapes cubrieron las mesas principales llenas de arreglos de dulces mexicanos y un hermoso pastel de dos pisos adornado con flores comestibles gigantes. Incluso compré una barra de madera mexicana original solo para la ocasión.

Danny habría pensado que estaba completamente loca, pero le habría encantado la variedad de tequila, cantaritos y cerveza que mostré. Estábamos rodeados de unos ochenta de nuestros queridos familiares y amigos, todos vestidos con trajes tradicionales mexicanos, siendo la cumpleañera la más linda. Instalé estaciones de manualidades para los niños donde pintaron maracas para llevar a casa como recuerdos. Los niños, junto con los adultos, saltaron en el saltador inflable gigante hasta agotarse. Emma estaba feliz, mami también lo estaba. Rompimos una piñata gigante llena de dulces y golosinas que mi tía Rosy y mi tío More le habían traído a Emma de México. El mariachi llegó en el momento perfecto para cantarle a la cumpleañera Las Mañanitas, la tradicional canción mexicana de cumpleaños. Incluso, terminé cantando dos canciones con el mariachi, no pude evitarlo. Si me conoces, sabes cuánto ¡amo los mariachis! Cantamos, bailamos y festejamos toda la noche; era una fiesta de niños, así como una fiesta de adultos. No podría haber sido más perfecto, excepto por una cosa: extrañaba a Danny con todo mi corazón. Ojalá hubiera estado allí, ojalá hubiera podido verlo todo junto; y aunque no físicamente, sé que estaba allí con nosotros. Podía sentir su presencia en el aire. *¡Llegamos a cinco, mi amor. Deberías verla; ella es simplemente increíble!*

Emma al cumplir cinco años cambió muchas cosas para mí. Me abrió los ojos a nuevas y mayores posibilidades. Al igual que cuando Emma tenía tres años y le quitaron la sonda de gastrostomía, volví a sentir esperanza. Quería vivir, quería explorar, quería mostrarle a Emma que había más en la vida de lo que habíamos experimentado y vivido hasta ahora. Quería mostrarle a Emma el mundo, quería mostrarme el mundo, quería vivir por Danny y por la vida que le fue arrebatada, esa vida que habíamos imaginado para los tres. Quería mirar hacia adelante, hacia un brillante futuro para mí y para Emma. Éramos nosotros contra el mundo, y quería mostrarle al mundo y a mí misma, que podíamos hacer esto; lo lograríamos.

Cinco sería un gran año para nosotras, las chicas Ryan. A finales de este mismo mes, mayo de 2017, realizamos nuestro primer viaje en solitario a las hermosas playas de México: Cabo San Lucas y La Paz. Estaba un poco asustada, no voy a mentir; viajar sola a otro país con un niño de cinco años fue un movimiento valiente. Nunca pensé que tendría el coraje de hacer cosas como reservar un vuelo por capricho a otro país, pero tenía una misión y no permitiría que el miedo se apoderara de mi vida. Sería aterrador y diferente, absolutamente, pero si había sobrevivido a la llegada de Emma a este mundo de la forma en que lo hizo y a la muerte de mi esposo, podría sobrevivir a cualquier cosa. Emma estaba increíblemente emocionada por este viaje. Empacó su maleta rosa de Minnie Mouse con sus trajes de baño y juguetes favoritos, y tal como lo había hecho en nuestro primer viaje a Disney World, llevó la foto de su papá con ella. "Quiero a papá con nosotros", dijo.

El viaje comenzó un poco difícil y, por un momento,

no estábamos seguras de poder lograrlo. Primero, perdimos nuestro vuelo original y tuvimos que tomar uno posterior, lo que arruinó nuestro itinerario. Luego, en nuestro camino desde el aeropuerto a La Paz, tuvimos un accidente automovilístico retorcido. Nuestro vuelo había llegado muy tarde y la carretera estaba completamente oscura, estábamos en una carretera de peaje y parecía bastante segura, similar a nuestras autopistas en California, excepto que no lo era. Una vaca loca salió de la nada cruzando la carretera y le pegamos duro. Chocamos tan duro que comencé a temer por mi vida y la vida de mi hija, Emma se había quedado dormida en el camino, cuando el auto se detuvo, golpeé el parabrisas y comencé a sangrar por la cabeza y las manos. Rápidamente llamé a Emma, me desabroché y, cuando me di la vuelta, todavía estaba profundamente dormida y aún sostenía la foto de papá en sus manos, ella no estaba lastimada en ninguna parte, no había ni un rasguño en ella. Dije una oración en silencio y agradecí a Danny por mantener a salvo a nuestra bebé. *Sabía que él había tenido algo que ver.*

Minutos después, un automóvil se detuvo para ayudarnos. Era una familia que había visto el accidente; ayudaron a limpiar mis cortes y trataron de sacarme tanto vidrio como pudieron. Poco después llegó una ambulancia y nos llevaron a un hospital privado del pueblo; pasamos la noche en el hospital, nuestra primera noche en México. La señora que nos ayudó la noche antes, un ángel disfrazado, había prometido volver por nosotros, y ella cumplió su promesa. Nos recogió en el hospital por la mañana, nos llevó a buscar medicamentos y luego nos llevó a nuestro hotel. Siempre estaré agradecida con ella y su familia; fueron enviados del cielo en un momento en que más los necesitábamos. Pudimos descansar un poco en nuestra habitación. Me dolía menos, excepto en las manos, pero decidí que no dejaría que esto arruinara nuestro viaje. Estaba en modo supervivencia.

Pasamos unos hermosos días explorando y tomando el sol en las playas turquesas de La Paz. Fuimos a pescar con arpón en una panga y probamos bucear por primera vez. Era diferente a todo lo que había experimentado, Emma descubrió un nuevo amor por los caballos que montamos en la playa varias veces; comimos la comida más deliciosa, e incluso Emma hizo un amigo en el patio de recreo en la playa; apenas se entendían ya que uno solo hablaba inglés y el otro solo español, pero lo hicieron funcionar y la pasaron de maravilla. La Paz resultó ser un lugar increíblemente mágico, uno al que definitivamente deseo volver. Era nuestro primer viaje de mamá e hija, y definitivamente no sería el último.

★★★

¡Los cinco grandes continuarían siendo eso, grandes! En septiembre de este mismo año viajamos a Grecia. Grecia, número uno en mi lista de deseos desde que era niña, sé que esto suena loco, una gran fiesta de cumpleaños y dos viajes internacionales en un año, pero fue como si estuviera recuperando el tiempo perdido. Nuestra experiencia en México había fortalecido mi deseo de vivir. Quería sentirme viva, necesitaba sentirme viva, quería experimentar la vida fuera de todo lo que había conocido y vivido en los últimos dos años. En retrospectiva, también estaba huyendo de mi vida en casa y de todo lo que me recordaba mi pérdida y mi dolor, así, que si tenía alguna oportunidad de viajar por el mundo, escapar de todo y ver a mi hija mientras exploraba y vivía la vida, definitivamente saltaría sobre ello.

Grecia no se parece a ningún otro lugar en el que haya estado. Nuestra primera parada, la capital de Grecia, Atenas, fue surrealista. El día que llegamos, nos registramos en nuestro lindo y pequeño apartamento con patio griego con la puerta verde más impresionante. Esa misma noche, pudimos visitar el Partenón en la Acrópolis en puesta de sol, que es una experiencia en sí misma. Había muchos turistas, a pesar de que era temporada baja, pero aún así fue increíble. En los dos días que estuvimos allí, visitamos el Parlamento y experimentamos el Cambio de Guardia. Visitamos el Museo Nacional de Arqueología y la Plaza Monastiraki. Hicimos compras en Plaka, comimos algunos de los giroscopios más deliciosos (montones, montones de giroscopios) y bebimos un café expreso interminable mientras caminábamos por las calles de Atenas. Visitamos templos y ruinas tal como había leído en los libros cuando era una niña, no mucho mayor que Emma. Esto era un sueño, y quería empaparlo todo con mi *peanut*.

Después de Atenas, nos subimos a un ferry y llegamos a la isla de Naxos, la más grande de las Cícladas y, por mucho, una de mis islas favoritas. En Naxos, recorrimos en unos carritos paisajes increíbles a lo largo de pueblos de montaña, ruinas antiguas y tramos a lo largo de la playa. Comimos en los restaurantes caseros más deliciosos y bebimos un delicioso Ouzo. Después de un par de días en Naxos, volvimos a subir al ferry a nuestro próximo destino: Thera, comúnmente conocida como Santorini, Grecia. No creo que realmente tenga que decir esto, ¡pero Santorini fue un sueño! Era lo que imaginé y más, los edificios blancos con techos de cúpula azul con vista al mar Egeo eran impresionantes, por decir lo menos.

Caminamos por las calles empedradas de Fira y Oia mientras comíamos y comprábamos y tomamos foto tras foto con la esperanza de que esto congelara estos momentos que vivirían con nosotros para siempre. Fuimos y experimentamos una cata de vinos en Santorini mientras contemplamos el increíble mar azul infinito. Emma montó en burro por las empinadas colinas de Oia y nadó desnuda en la playa de lava negra; definitivamente lo asimiló todo. Mi bebé estaba feliz, experimentando el mejor momento de su vida y también mamá. Incluso llevamos a casa collares de recuerdo con nuestros nombres escritos en griego.

Y por último pero no menos importante, terminamos nuestro viaje visitando la maravillosa Isla de Chania, Creta, Grecia. Comenzamos en Heraklion; recorrimos Rétino hasta la playa de Elafonisi, que fue un sueño; y visitamos uno de los monasterios más asombrosos, sentados en un acantilado con vista al océano. Aunque pudimos ver mucho, Creta es definitivamente un lugar donde necesitas más tiempo para explorar. Nos estábamos quedando sin tiempo y teníamos que volver a Atenas para prepararnos para nuestra próxima parada en Madrid, España, y luego a casa. No pudimos pasar tanto tiempo en Madrid como nos hubiera gustado, ya que fue un viaje rápido antes de volver a casa, pero definitivamente está en la *¡Lista de lugares a los que Volver!*

Como puedes ver, estábamos terminando los cinco con fuerza y había más por venir. En diciembre nosotros (yo) decidimos reservar un viaje rápido a Siesta Key, Florida durante las vacaciones de fin de año. Salimos el día de Navidad y pasamos la víspera de Año Nuevo en un lugar nuevo, diferente, no en casa. Exploramos las playas de arena blanca de Siesta Key y nos sumergimos en los increíbles atardeceres que pintaban el cielo con todos los tonos de oro, rosa, morado y azul. Los interminables atardeceres nos permitieron construir un muñeco de nieve con la arena blanca como si fuera nieve. En la víspera de Año Nuevo, salimos a cenar temprano y luego volvimos a la casa en la que nos alojábamos. Estaba tranquilo y silencioso, nada loco en general, Florida había sido muy acogedora con nosotros. Era justo lo que necesitábamos en ese momento.

2017 fue un año de nuevos desafíos, nuevas metas, vivir con intención, probar cosas nuevas y esperar lo que vendría después.

#MostrandoleaEmmyElMundo

Oh, los lugares a los que irás

En marzo de 2018 cumplí treinta y cinco años, a medio camino entre los treinta y los cuarenta. Para celebrar tal acontecimiento, quería viajar y seguir mostrándonos el mundo a Emma y a mí. Entonces, llevé a Emma a un viaje de una semana a Costa Rica, *Pura Vida*. Teníamos muchas ganas de escaparnos y disfrutar de buenos momentos tomando el sol en la playa, conociendo diferentes culturas, con suerte caminando por algunas cascadas y tal vez viendo y aventurándonos en algunos de los famosos volcanes. Realmente no sabíamos qué esperar ya que nunca antes habíamos viajado a esa parte del mundo, pero todo lo que vimos en línea mostró algunas aventuras asombrosas; Emma tenía muchas ganas de ver algunos monos e ir a nadar.

Aterrizamos en Costa Rica cuatro días antes de mi cumpleaños. No podría haber sido más perfecto; tendríamos tiempo para disfrutar de este increíble lugar antes y durante mi cumpleaños. Para la primera parte de nuestro viaje, nos quedaríamos en Guanacaste, en el resort Four Seasons en la Península Papagayo. La noche que llegamos, no pudimos tener una buena vista del resort porque era tarde y estaba oscuro, pero al amanecer, nos despertamos en uno de los lugares más hermosos. La casa privada en la que nos alojábamos (gracias a la generosidad de un amigo) estaba frente a la playa con la vista más impresionante del Océano Pacífico. Decidimos comenzar el día temprano para poder absorber todo lo que pudiéramos durante el tiempo que nos quedaríamos. Fuimos y exploramos los terrenos, y como la playa estaba a una corta distancia a pie, decidí ir a correr por el paseo marítimo y disfrutar del aire salado, la forma perfecta de empezar el día. Más tarde, Emma y yo exploramos algunas de las piscinas y también visitamos el club infantil que ofrece el resort. Era uno de los clubes infantiles más geniales que había visto en mi vida, con un itinerario de actividades a lo largo del día que mantenía a los niños aprendiendo y entretenidos, y una piscina para niños privada y cerrada, totalmente equipada con su propio salvavidas y miembros de la tripulación. Sabía que Emma definitivamente disfrutaría este lugar y me sentí cómoda sabiendo que la estaban observando y cuidando muy bien.

¡La semana había tenido un gran comienzo! Los siguientes tres días los pasamos nadando, tomando el sol y bebiendo cocos en la playa mientras Emma jugaba con Crabby, su nuevo cangrejo mascota. Recorrimos algunas de las áreas circundantes donde vivían los lugareños y encontramos otras playas increíbles y comida ridículamente deliciosa. Caminamos por los alrededores del resort y nos encontramos en la playa de Andaz, una de las playas más frescas, diferente a todo lo que había visto en mi vida. Era como estar en medio del bosque y en la playa al mismo tiempo. Nuestras aventuras a pie nos llevan a algunos recorridos educativos geniales donde hablaron sobre los animales y la vida silvestre de la zona. En uno de los días, Emma jugó en el club infantil y conoció nuevos amigos cuando mamá alquiló una moto de agua y se embarcó en un día de aventura explorando las aguas circundantes. Tengo que dárselo a mi pequeña aventurera. Ella siempre está dispuesta a cualquier cosa y puede seguir la corriente con mucha facilidad.

Cuatro días después de nuestro viaje, salimos de Guanacaste y viajamos a Rincón de la Vieja, donde nos hospedamos en un hotel muy cool, Hacienda Guachipelín, un lugar tipo granja con vacas, gallinas y caballos. Era todo lo contrario de lo que habían sido los días anteriores de nuestro viaje, pero quería que experimentáramos cómo era la verdadera y auténtica Costa Rica. Pasamos el mejor momento de nuestras vidas allí. Montamos a caballo y caminamos hasta las cascadas más impresionantes donde nadamos, las aguas más claras en áreas donde nunca pensaste que existían tales cascadas; exploramos ollas de barro donde nos entregamos a lodos sagrados y aguas termales. Y vimos algunos de los arcoíris más increíbles, sin necesidad de lluvia. El restaurante de la Hacienda tenía una de las comidas más deliciosas que he comido nunca, queríamos probarlo todo. Emma tocó la marimba con el tipo más genial del lugar y ordeñó vacas para probar cómo era la vida en la granja. Sin embargo, no estoy segura de si ella hizo el trabajo o si el tipo que ayudó hizo la mayor parte. En general, mi bebé estaba pasando un momento increíble. Hacia el final de nuestro viaje, exploramos el parque nacional, Volcán Rincón del la Vieja y pudimos ver un volcán activo, ¡fue increíble! Y entonces llegó el momento de volver a casa. Mi viaje de cumpleaños a Costa Rica con mi princesa había sido un éxito.

Estar con ella era todo lo que importaba y aunque ningún viaje es perfecto con niños, ¡esta niña definitivamente estaba comenzando a ser una viajera del mundo! En abril de ese mismo año, decidí hacer un viaje de sanación en solitario y escalar Havasupai, una reserva india en lo profundo del Gran Cañón. Por mucho que quisiera llevarme a Emma, ella simplemente no habría sido capaz de asumir una aventura tan difícil. Estaba pasando por un momento muy difícil y quería aprovechar este tiempo para estar sola durante unos días y hacer un examen de conciencia y una sanación muy necesarios. Nada como la naturaleza para proporcionar esto. Tenía una necesidad desesperada y, aunque este viaje no solucionaría el dolor que sufría, estar en la naturaleza no me haría daño. El viaje no sería fácil, pero era un desafío que estaba dispuesta y decidida a asumir.

La muy difícil caminata por el desierto hasta Havasupai es una caminata de diez millas en lo profundo del Gran Cañón y diez millas de regreso. Sin embargo, Havasupai no es parte del Parque Nacional del Gran Cañón, es parte de la reserva india y requiere un permiso que se debe comprar con anticipación para poder ingresar al área. En los últimos años, Havasu Falls se ha convertido en un área increíblemente famosa, y es muy difícil obtener permisos, que deben hacerse con meses de anticipación porque generalmente se agotan en una hora. Por suerte para mí, pude conseguir uno. La caminata hacia Havasu Falls es muy rocosa, arenosa y tiene muy poca sombra, por lo que uno debe prepararse, leí.

Investigué, me preparé y estaba en excelentes condiciones físicas para emprender la caminata, pero nada me preparó para lo que estaba a punto de experimentar. Comencé la caminata temprano en la mañana, justo después del amanecer alrededor de las 6 am. Las vistas eran impresionantes, no podía creer lo que veía, ¡ya estaba enamorada! La caminata comenzó fácil, pero cuanto más bajaba, más difícil se volvía. Fui a un ritmo bastante bueno, sin apresurarme en absoluto. La primera milla del sendero cambia de un lado a otro hacia el cañón, no está tan mal, pero las siguientes tres millas fueron en su mayoría bajo el sol y definitivamente intensificó la caminata. Estaba hidratada y tenía protección solar, pero lo sentí de todos modos.

El resto del camino hacia el pueblo de Supai estuvo sombreado y facilitó un poco la caminata. También estaba empezando a tener mejores vistas mientras caminaba por el arroyo; desde el pueblo, tomaría alrededor de otra milla para llegar al campamento, con Havasu Falls a poca distancia. En total, la caminata tomó alrededor de seis horas, incluida la parada para descansar y comer. No tenía prisa. Cuando doblé la esquina y vi por primera vez las Cataratas Havasu, no podía creer lo que estaban viendo mis ojos: el agua más increíble, impresionante, azul, verde azulado y brillante que jamás había visto en mi vida. Tuve que parar y pedirle a alguien que por favor me tomara una foto, quería guardar este momento para siempre. Mientras continuaba hacia el campamento y a través de las cataratas, quedé hipnotizada por las impresionantes aguas y las increíbles vistas. Si no sabe o nunca ha visto cómo son estas cataratas, hágase un favor y búsquelas. La caminata fue larga y estaba bastante exhausta, así que con ayuda, armé el campamento y me relajé por un rato. Tenía un asiento de primera fila perfecto para uno de los lugares más increíbles del mundo e iba a asimilarlo todo durante los próximos días. Esa noche terminó con un sueño bajo el cielo repleto de estrellas, fue la perfección. El siguiente nuevo día brillante comenzó con café mientras contemplaba el siguiente conjunto de cataratas, Mooney Falls. Era una continuación de un paisaje impresionante, como una pintura que nunca terminaba. Magia pura. Apenas tuve tiempo de pensar en otra cosa con estas vistas; mi corazón estaba contento.

La caminata hasta Mooney Falls fue toda una aventura. Tuve que bajar unas escaleras embarradas, resbaladizas e incompletas y una escalera de cuerda y eslabones de cadena de no sé cuántos pies; traté de no pensar en eso. Pero una vez que estuve en el fondo de las cataratas, todo valió la pena. Mooney Falls condujo a otra caminata de cuatro millas a lo largo del río hacia Beaver Falls, otra cascada impresionante que tenía una de las piscinas escalonadas azules más increíbles. Creo que Beaver Falls fue probablemente mi favorito. Era ancha, extra azul e interminable, al final de las piscinas escalonadas, al final de Beaver Falls, había una cascada que seguía llamando mi nombre. Me paré en la cima de las cataratas y sin pensarlo dos veces, decidí que quería saltar. No me preguntes qué me pasó, una parte de mí quería asimilarlo todo, literal y figurativamente, y una parte de mí, el yo con todos estos miedos que había estado cargando durante los últimos tres años, quería dejarlo ir y sentirse libre por un momento. Saltar a esas cataratas fue dejar ir mis miedos. Sentir una ráfaga de adrenalina recorrer mi cuerpo, fue mi forma de sentirme viva nuevamente. Entonces, salté. Fue lo más liberador que jamás había hecho.

Los tres días y dos noches en Havasupai habían sido justo lo que necesitaba. Durante el tiempo que estuve allí, me sentí libre. Renuncié a la mierda que me estaba lastimando, y aunque nunca lo expresé, por dentro sabía que ese viaje era el final de gran parte de mi dolor y el comienzo de algo nuevo. Me tomó un tiempo darme cuenta de esto, pero lentamente, comencé a desprenderme de capas de mí misma, capas que había luchado tanto para no prestar atención y estaba aprendiendo a soltar parte de mi dolor. Havasupai abrió un amor aún mayor por viajar y explorar el mundo, por explorar cosas y lugares que siempre había imaginado pero que tenía demasiado miedo. Quería más que nunca tomarme la vida por los cuernos y compartir con Emma todo un nuevo mundo de posibilidades. Viajar comenzó como un escape de mi mundo y de la realidad de mi nueva vida, pero se convirtió en una sanación y tomaría todas y cada una de las oportunidades que se me presentaron para hacer justamente eso.

En junio de ese año viajamos a Loveland, Colorado, donde formamos parte de la boda de nuestra buena amiga. Y Emma era la florista perfecta, por supuesto. Teníamos que aprovechar el viaje, así que nos tomamos unos días para explorar el hermoso estado y algunos de sus increíbles Parques Nacionales. En la boda conocimos a las personas más increíbles con las que rápidamente nos hicimos amigos. A Emma y a mí nos gusta hacer amigos donde quiera que vayamos (no somos personas tímidas). Y para el cuatro de julio, estábamos de vacaciones con nuestros nuevos amigos en Chicago, su ciudad natal. Me enamoré de Chicago y de todos sus hermosos lugares: Millennium Park, el famoso frijol, también el río, por nombrar algunos. Chicago es un lugar al que definitivamente me gustaría volver.

A Chicago le siguió México, en un viaje familiar. Luego Sedona, en una aventura de senderismo. Y en agosto, durante las vacaciones de verano de Emma, la llevé en un viaje por carretera en California desde Mammoth Lakes a Reno, NV, al lago Tahoe a través de Sonoma en un viaje en globo aerostático a Stinson Beach. Luego, pasamos por San Francisco a Monterrey, luego Paso Robles, Santa Bárbara y toda la costa hasta que volvimos a casa. Tuvimos uno de los veranos más increíbles, uniéndonos, discutiendo, haciendo pucheros y enfadándonos una con la otra, pero juntas. #MostrandoleaEmmyelMundo para mí no se trata solo de mimar a mi hija con viajes y cosas, se trata de juntas apreciar este tiempo juntas que nunca vuelve.

La gente a menudo me pregunta cómo pude haber puesto a mi hija de cinco años en un vuelo de quince horas a Europa, o cómo puedo viajar con una niña todo el tiempo. "¿No es agotador?", escucho a menudo. "No sé cómo lo haces. Me da miedo viajar con niños". Si quieren esperar hasta que los niños sean mayores y puedan comportarse mejor, te diré esto: no tengo cualquier otra elección. Si quiero viajar, mi hija viene conmigo. Pero más que eso, no lo querría de otra manera, no quiero mirar a través de fotos de mis viajes un día solo para descubrir que la única persona que significa más que el mundo para mí no estaba conmigo. Mi consejo es que no esperes, muestre a sus bebés el mundo. Te lo prometo, no te arrepentirás, ¡yo nunca lo he hecho!

Cielo

Tal vez cuando perdemos a alguien, no está lejos,
solo a unos centímetros de distancia

Busco señales por todas partes, quiero creer que Danny está
en el cielo cuidándonos a Emma ya mí, asegurándose de que
estemos bien, secándome las lágrimas y guiando a Emma por el
camino. Sé que Danny nunca nos abandonaría. La mayoría de las
veces, me envía señales: mariposas monarca, generalmente de dos
en dos; arcoíris, cuando no llueve; plumas, cuando no hay pájaros
alrededor; centavos del cielo, aunque siempre recibo monedas de
diez centavos. Me envía canciones por la radio cuando más las
necesito, y nos da una serenata a Emma y a mí con "Don't Stop
Believin', su canción favorita, así que sabemos que es él. He visto
luces parpadear y encenderse solas, y he oído sonar el timbre
de la puerta cuando no hay nadie. Pero mi favorito es cuando
me visita en mis sueños, un sueño en particular que tuve unos
nueve meses después de su muerte. Un sueño increíblemente
vívido, más que un sueño, se sintió como una visita. Cuando me
desperté, lo escribí rápidamente en mi diario de sueños para no
olvidar ningún detalle.

Julio 25, 2016
Hoy vi a Danny en mi sueño...
Estoy en una fiesta con amigos, amigos de la escuela
secundaria, amigos que no he visto en años y amigos que
tengo ahora. Estoy sentada junto a la piscina y les digo a mis
amigos cuánto me duele, cómo mi cerebro me ha bloqueado
los recuerdos, cuánto no puedo recordar a Danny. No puedo
recordar los buenos momentos, nuestros recuerdos juntos, su
voz... De repente siento que alguien viene detrás de mí. "Hola",
dice una voz. Es la voz de Danny. Me sostiene por detrás y dice:
"¡Hola, nena!". Me doy la vuelta y es él. Su antiguo yo, cabello
desordenado, pantalones cortos y una camisa, y sus chanclas
(sandalias) de arcoíris. Lo abrazo y lo sostengo fuerte, luego
empiezo a llorar en su pecho. No digo una palabra, no puedo,

no salen. Solo sollozo en su pecho, sin parar. Hay tanto que quiero decirle, hay tantas cosas que quiero preguntarle, pero las palabras no salen. Luego me dice: "Va a estar bien; ¡vas a estar bien!" Luego desaparece. Me siento allí llorando. Había tanto que quería decir. Me desperté sollozando, todo había sido tan real. Sé que él estaba allí, no como en un sueño normal. Esto era mucho más. Este sueño es lo que me hace seguir adelante. A veces, cuando siento que no puedo, me aferro a sus palabras: *"Va a estar bien, ¡vas a estar bien!"*

Emma también ha tenido sueños, ella lo ha sentido. Cuando era más pequeña, la encontrábamos sola en su cuarto de juguetes riendo y hablando como si estuviera jugando con alguien. Había noches en las que la visitaba en medio de la noche solo para encontrar ella hablando con alguien. Le preguntaba y de lo único que podía hablar era de papá.

Mami, ¿recuerdas cuando papá jugaba conmigo en la piscina?
Mamá, recuerdo cuando papá me llevó a SpaceX.

Quiero creer que fue Danny, hablando con ella y compartiendo esos recuerdos de ellos juntos para que no lo olvide. He leído que debido a su inocencia, los niños a menudo son visitados por los espíritus de sus seres queridos. Y creo con todo mi corazón que Danny nunca la ha dejado. Él siempre está cerca. Recientemente leí una historia de otra viuda que decía así

Cuando un bebé se está creando en el útero, piensa que está solo porque no puede ver a nadie. No sabe lo cerca que está de su madre. Puede escuchar y sentir cosas y presencias, pero todo se siente lejano. Pero en realidad, está a solo unos centímetros de distancia. El bebé está ahí con su mamá. Simplemente no puede ver eso, pero la madre lo sabe. La madre carga al bebé todo el tiempo y hace todo lo posible para cuidarlo y protegerlo.
-Amanda Kloots

Tal vez cuando perdemos a alguien, son como un bebé en crecimiento, a solo unos centímetros de distancia. Hay días en que puedo sentir a Danny, puedo sentir su energía a solo unos centímetros de distancia. Me imagino a Danny hablando con Emma todas las noches, me imagino que ella le pregunta sobre su vida en el cielo con Ethan, su gemelo, como lo hace conmigo. *Papá, ¿cómo es Ethan?, ¿le gusta la escuela como a mí?, ¿qué juegan ustedes?, ¿crees que le gustaría?* Me la imagino poniéndose al día con él sobre sus días en la escuela, contándole sobre su pequeño amor platónico. Él se ríe pero está nervioso de ver a su niña crecer tan rápido, me imagino que se ríen y juegan hasta que ella se cansa por la noche.

Cuando pienso en Danny en el cielo, me imagino un lugar hermoso con colores que no se parece a nada que haya visto antes. Una variedad de todas mis flores favoritas donde las estaciones no juegan un papel: blanco, rojo y rosas rosadas; hortensias blancas, rosas y lavanda; tulipanes amarillos y rojos; cymbidiums y otras orquídeas de todos los colores; y muchas, muchas más flores pintadas de vivos colores que bordean acres y acres de verdes colinas. Hay mariposas de todos los colores volando en todas direcciones, arcoíris pintando el cielo sin necesidad de lluvia. En lo profundo de las colinas, una enorme cascada conduce a una laguna donde a Danny y Ethan les gusta jugar con botes RC. Una de las cosas que a Danny le encantaba de nuestra casa junto al río era la laguna, donde pasaba horas interminables jugando con sus botes de juguete. Puedo verlo ahora, mostrándole a nuestro hijo cómo funcionan. Puedo ver a Ethan y Danny eligiendo a mano la señal celestial que enviarán para el día: la monarca, las monedas de diez centavos, las plumas o las melodías.

Cuando me imagino a mi hijo, me imagino una versión de niño de Emma, con la misma gran personalidad, llena de vida, con muchas ganas de aprender y un gran sentido del humor, como papá. Ethan es un poco más alto que Emma, pero tiene la misma estructura pequeña. Tiene el pelo rubio como el que tenía Danny cuando era pequeño, pero con rizos como los míos. Tiene ojos azules brillantes, al igual que su papá y su bisabuela, a quien probablemente ya conoció. Ethan es amable y tierno, aunque por fuera le gusta hacerse el duro, como a mí. Tiene un alma generosa, que recibe tanto de Danny como de mí. Cuando

Emma habla de Ethan, también lo ve así; así es como ella lo describió después de que él visitó sus sueños. "Mami, creo que a Ethan realmente le gustan las matemáticas, como a mí".

- ¿Tú crees?
- ¡Es muy inteligente, mami!

Este amor por las matemáticas que tanto Emma como Ethan obtienen de mí. Danny nunca fue un chico amante de las matemáticas, bastante irónico porque era ingeniero y trabajaba mucho con las matemáticas. Él era naturalmente muy inteligente; yo, en cambio, siempre he tenido amor por las matemáticas.

Quizás Ethan, como Emma, es una mezcla perfecta de Danny y yo. Y espero que Ethan también le pregunte a Danny por mí.

- *Papi, ¿cómo era mami?*, sé que lo hace.

El amor que compartimos mientras él estaba en mi vientre nunca se ha ido. Espero que él sepa esto. Espero que sepa cuanto lo amamos su hermana y yo.

El amor que Danny tenía, y sigue teniendo, por Emma y por mí, ahora lo comparte con nuestro hijo. Y me llena el corazón saber que Ethan ya no está solo. Aunque deseo con todo mi corazón que todos podamos estar juntos aquí en la tierra, sé que algún día nos reuniremos. Por ahora, los imagino en salidas hablando de cuánto nos aman y nos extrañan. Los imagino planeando la siguiente aventura. Explorando y recorriendo las colinas en un hermoso día soleado, el sol golpeando sus rostros mientras recorren las montañas en bicicleta. Veo a Danny jugando en el garaje, mostrándole a Ethan cómo funciona la bicicleta y lo que debe y no debe hacer. *"Ven aquí, Ethan, déjame mostrarte"*, puedo escucharlo decir: "¡Te va a encantar esto!" Y algunos días, puedo verlos en el agua, navegando río abajo en un bote, deseando que Emma y yo estuviéramos con ellos, tanto como deseamos estar allí también.

Por ahora, se tienen el uno al otro y a todos los demás seres queridos que hemos perdido. Sé que también pueden verlos y pasar tiempo con ellos. Apuesto a que los rodean con tanto amor. Mi Mami Celia y la Abuela Vi definitivamente han estado muy presentes; sus formas de crianza y sus corazones amorosos nunca podrían mantenerlas alejadas. Apuesto a que ellas también se llevan muy bien. Mi primo Mickey y el sobrino de Danny, Bailey, probablemente ya hayan jugado un buen partido de fútbol, algo que amaban y tenían en común. Sé que hay una gran familia feliz allá arriba en el cielo, esperando que nos unamos a la fiesta. Mientras tanto, ellos velan por nosotros; se aseguran de que estemos a salvo y, la mayoría de las veces, nos envían señales de que están con nosotros.

Tierra

A mi amor eterno

Querido Danny:

Estoy sentada aquí en el día del sexto aniversario de tu muerte, con los dedos de los pies sumergidos en la arena fría y mojada mientras contemplo el agua tranquila; los colores van cambiando de la noche al día cuando el sol está a punto de salir. Hermosos tonos de oro rosa y púrpura brillan en el río, el mismo río donde te vi por última vez.

No recuerdo que fuera tan tranquilo, tan pacífico, tan sereno. El agua parece diferente de lo que era esa noche cuando todo se movía tan rápido. Quería venir aquí hoy, sola, por primera vez en seis años y permitirme un momento contigo, solo contigo. He tenido tanto miedo de este momento, yo no quería que me veas llorar. Me he esforzado mucho por mantenerme fuerte, pero algunos días, como hoy, es demasiado difícil. Me tomó seis años encontrar el coraje para llegar aquí, pero a medida que permito que fluyan las lágrimas, sé que me permito sanar en el proceso. Te echo mucho de menos, mi amor. Desearía tanto que estuvieras aquí. ¡Cómo quisiera la vida con sus sincronicidades! Hoy, en el sexto aniversario de tu muerte, escribo el último capítulo de mi libro, pero no el final de mi historia.

En cuanto a nosotros, Emma y yo, tratamos mucho de vivir una vida con propósito. Después de que te fuiste al cielo, mi amor, hice la promesa de vivir la vida al máximo, no como el cliché que muchos usan pero sí como lo definimos. Para nosotros, vivir la vida al máximo significa vivir una vida que nunca tuviste la oportunidad de vivir. Tu vida fue truncada y he tenido que aprender a recoger los pedazos, tuve que unirme a mí misma y a nuestra vida, pieza por pieza. Ha sido lo más difícil que he tenido que hacer, hay días que no sé si podré seguir, pero justo cuando quiero rendirme, tu cara sonriente me viene a la cabeza. "Tú puedes con esto, mi amor", puedo oírte decir. Y saco fuerzas de algún lugar muy dentro de mí y sigo adelante., Emma es ahora una niña de nueve años próspera, enérgica y llena de vida. ¡Ya no es nuestra niña y se asegura de hacérmelo saber todos los días! ¿Puedes creer que ahora está en cuarto grado? Seguro que el tiempo ha viajado rápido; aunque algunos días la vida pareciera moverse demasiado lenta, especialmente en los días realmente difíciles; mantenemos un horario bastante ocupado lleno de escuela, tareas, terapias y el nuevo amor de Emma por la danza y el arte. Está tomando lecciones de violín en la escuela, lo cual le encanta, junto con ballet, jazz y hip-hop en un centro de baile. Me he convertido en mamá de una bailarina y me encanta. Estoy muy orgullosa de ella. Deberías ver a tu bebé; definitivamente obtiene sus movimientos de baile de mí, sin ofender. Ha sido increíble verla convertirse en este mágico pequeño ser humano, tiene tanta personalidad y amor por la vida, y mucho que ofrecer a este mundo. Pero, al mismo tiempo, también sabe demasiado. Ha experimentado más en sus nueve años de vida de lo que cualquier niño debería experimentar, su dolor es suyo y lo maneja lo mejor que sabe, pero a veces, es un montón. Ha habido noches en las que la he abrazado mientras se estaba desmoronando y las lágrimas no paraban, no podía hacer nada para que su anhelo y su dolor desaparecieran, y me he sentido impotente.

Le cuesta expresar su dolor y a veces, sin darse cuenta dice cosas que me rompen el corazón. Como cuando me deseó muerta solo para que puedas venir por un tiempo y tomar mi lugar. "Entonces puedes volver a cambiar", dijo.

O cuando me pidió llamar al cielo para poder escuchar tu voz y hablar contigo: "solo por un minuto", "por favor, mami", suplicó. Ella te extraña mucho, te extrañamos mucho. Ella ha pasado por una terapia de duelo y eso ayudó en ese momento, pero el duelo tiene su forma de acercarse sigilosamente a ella, especialmente en la escuela, donde presta especial atención a sus amigos con sus padres o cuando las actividades escolares exigen un día del padre. Me he encontrado anhelando funciones familiares cuando las familias de todos están completas excepto la nuestra. Nuestra hija es resiliente y fuerte, pero algunos días se cansa, se cierra y solo puede expresarse a través de la actitud.

Desearía poder quitarle algo de su dolor. Cuando ella lucha, recuerdo las palabras que le dijiste un día en la UCIN mientras observabas cómo la resucitaban y luchaba por respirar: "Tienes que salir adelante, mi pequeño amor, solo tienes que hacerlo. No puedo hacer esto por ti; lo siento, pero tienes que hacer esto por tu cuenta. Estoy aquí. Te quiero, Mami te ama." Y te vi colocar tu mano sobre ella, amándola, protegiéndola; sabías exactamente qué decir y hacer. Me esfuerzo por tener las palabras adecuadas para hacer lo correcto por ella, ser su apoyo cuando más me necesita. Ella es la luz en mi vida, ojalá pudieras estar aquí para experimentar lo increíble que es. Ella me da la vida, ella brilla más que el sol, ella es tan parecida a ti. ¡Y cada día se parece más y más a ti también! Los últimos seis años han sido prueba y error para mí. Tratando de averiguar qué funciona y qué no. Cómo hacer el duelo, cómo seguir, cómo no atascarse, cómo no perderme en el proceso. Recoger las piezas como solista, todo ha sido difícil, más difícil de lo que jamás pensé. He llorado desesperadamente preguntando a Dios: "¿por qué?", buscando razones y respuestas. Me he encontrado sola, más sola que nunca. He sufrido otras pérdidas tanto como he sufrido perderte a ti. Y también me he dado cuenta de quién está y quién no, no solo para mí pero sobre todo para nuestra hija. Cuando se trata de Emma, todo duele, tú lo sabes. Lo pasamos cuando nació Emma: sentirnos perdidos, solos y abandonados. ¿Recuerdas después de meses en la UCIN cuando tuviste que llamar a algunas personas por no estar allí para ti mientras nuestra hija se estaba muriendo? Sí, he tenido esos mismos sentimientos. He perdido a muchas personas a lo largo de este viaje de perderte, pero también he tenido una pequeña tribu de personas que me apoyan. Apoyándonos, animándonos a Emma y a mí en el camino, mientras dan testimonio de mis luchas y triunfos.

He tratado de vivir una vida de la que estarías orgulloso y espero hacerte sentir orgulloso. Me he propuesto mantener viva tu memoria, para incluirte en todo lo que hacemos. Tu nombre, tu foto, el increíble esposo y padre que siempre fuiste está muy presente en nuestra vida diaria. Si no soy yo contando una historia de papá, es Emma. No podemos ir a una piscina o al río sin que ella diga: "Mami, ¿puedes girarme como solía hacer papá?" Era tan pequeña cuando nos dejaste, pero te recuerda tan claramente. Espero que al escribir nuestra historia, a medida que crezca y comprenda más, conozca más de ti.

No solo el padre increíble que fuiste para ella como te recuerda, sino más de ti, el hombre. He tratado de no ponerte en un pedestal, ya que no existe la perfección. He tratado de mantener tu memoria viva y lo más real posible sin romantizar nuestra historia o quién eras. Nuestra historia no era perfecta, no eras perfecto y cometimos errores como la mayoría de los humanos, pero mientras escribo y le enseño a mi hija sobre el hombre que fue su padre, también quiero que ella sepa que como todos los seres humanos, papá tuvo días buenos y días malos. Papi era increíble, pero también tenía sus defectos y momentos débiles, al igual que mami. No quiero que vuelva a idealizar un perfecto inalcanzable mientras se esfuerza por ser más como tú o como yo. Quiero que sepa que todos nos caemos a veces, pero lo que realmente importa es cómo nos levantamos.

Y el respaldo ahora es hacia donde me dirijo, a donde me esfuerzo por llevarnos. Trato de encontrar alegría en las pequeñas cosas, especialmente en las sonrisas de Emma; ella trae tanta vida a mi mundo y sé, cuando la observo, que vives dentro de ella. Sus ojos resplandecientes, su sonrisa brillante y su corazón bondadoso: es todo tú y yo y el amor con el que vivimos nuestras vidas juntos, ese amor que creó a un ser humano tan hermoso. Los últimos seis años los he dedicado a crecer como persona y como madre, a encontrar la paz dentro del dolor, sanar mi trauma y encontrar mi propósito. No puedo decir que estoy completamente allí todavía, pero puedo decir que estoy segura de mi camino.

Quiero mostrarle a Emma que hay mucho más en este mundo de lo que sabemos hasta ahora. Tendemos a pasar tanto tiempo preocupándonos por el mañana que a veces, olvidamos el ahora, el hoy, nuestro presente. No sé qué traerá el mañana, pero sé que no quiero vivir más con miedo. Quiero vivir, quiero seguir mostrándole a Emma el mundo. ¿Te dije que comencé un hashtag un año después de tu muerte? Ciertamente lo hice en honor a ti, hice #MostrandoleaEmmyelMundo, porque tú y yo nunca llegamos a hacerlo. Hemos viajado a muchos lugares asombrosos, más lugares de los que jamás pensé que llegaría a ver, y les prometo que habrá más. La otra noche estábamos revisando tu pasaporte y Emma dijo: "Espera, papá fue a Londres y Japón y...". ¡Seguro que lo hizo! Entonces, está en nuestra lista viajar a todos los lugares estampados en el pasaporte de papá, solo espera y verás.

No existe un antídoto para la pérdida, el dolor o la aflicción, pero la alegría y la aflicción pueden vivir una al lado de la otra ya que están entrelazadas para siempre. Estoy decidida a vivir una vida plena, una vida de felicidad; merecemos la felicidad. Ahora sé que soy digna, sé que seguirá habiendo días, momentos, semanas y meses difíciles, pero me esforzaré cada día por vivir una vida de alegría mientras curo mi dolor. Y aunque todavía no tengo todas las respuestas, estoy en una búsqueda eterna.

Te amo por siempre,

Tu esposa

Agradecimientos

Se necesita el compromiso de muchas personas para armar un libro, y eso es lo que he tenido. En primer lugar, gracias, Davina Ferreira, por creer en mí y en mi historia. Tu aliento, orientación e inspiración semanal, a veces diaria, me ayudaron a superar el proceso de escribir este libro. Gracias a mi Familia Alegría, mis compañeros de clase, quienes se sentaron conmigo semanalmente mientras compartía, lloraba y sanaba. Gracias por las risas, las lágrimas y el viaje.

Gracias, Ernesto Olivares, por fotografiar la portada de mi libro y por ser una vez más parte de mi viaje. Gracias, Paloma Alcantar, mi increíble editora, correctora y traductora, no podría haber hecho esto sin ti, tu increíble trabajo duro, amor por el arte y dedicación hicieron esto posible. Para Carlos Mendoza, mi diseñador del libro, fue un placer trabajar contigo; ¡tu trabajo es increíble! ¡Realmente se necesita un pueblo!

Gracias a mi hija, Emma, por su paciencia, amor diario y aliento, y por ser la mejor animadora que pude tener. ¡Te amo, cariño! Gracias a mi madre por estar a mi lado en los momentos más difíciles de mi vida y por amarme incondicionalmente. Gracias a los médicos, enfermeras, terapeutas respiratorios, especialistas y terapeutas ocupacionales de Emma, todos ustedes ayudaron a salvar a mi milagro más preciado. Gracias, ustedes que están leyendo este libro, su apoyo lo es todo. Deseo que mi historia te haya inspirado de alguna manera.

Acerca del autor

Siendo una creadora y amante de la belleza de todas las cosas, Faby Ryan es una emprendedora creativa y escritora. Es una madre orgullosa, defensora y educadora bilingüe de todo lo relacionado con los bebés prematuros y la viudez. Nacida de padres mexicanos y criada en Los Ángeles, California, Faby Ryan es una mexicoamericana de primera generación.

Su pasión por la escritura comenzó a la temprana edad de nueve años después de descubrir los escritos del poeta Pablo Neruda, que la inspiraron y despertaron un amor más profundo por escribir poesía, cuentos y compartir sus palabras con el mundo, lo que la hizo acreditadora de premios académicos de escritura, así como un premio presidencial y un reconocimiento.

En 2012, después de sufrir tres abortos espontáneos, la pérdida de uno de sus mellizos y dar a luz a su gemela sobreviviente microprematura de 1 lb 2 oz, Emma, la misión de Faby Ryan de contar su historia de pérdida y supervivencia encendió su defensa hacia los padres de bebés prematuros. Ella ha servido como voluntaria de numerosas plataformas, como Ronald McDonald House Charities y refugios para mujeres. También ha participado y recaudado dinero para March of Dimes/March for Babies todos los años desde entonces. Junto con su hija, Emma, comenzó su Proyecto Give-Joy como una forma de retribuir por su milagro; un proyecto para apoyar y hacer saber a otros padres de bebés prematuros actualmente en Unidades de Cuidados Intensivos Neonatales que no están solos.

En 2015, después de perder a su esposo, Faby Ryan comenzó una segunda misión al compartir su viaje de duelo como viuda joven y madre soltera. Comenzó un grupo de apoyo privado en línea llamado Widowed Solo Mommy, que planea convertirse en un podcast. Su historia se ha publicado varias veces en plataformas de medios en línea como Love What Matters, una publicación que presenta historias de la vida real. Faby ha seguido su misión de vida al contar su historia de supervivencia, con la esperanza de que pueda ayudar a otros que atraviesan las dificultades de la vida.

Faby actualmente vive en Lakewood, California con su hija, Emma y su bebé peluda, Belle. Cuando no está escribiendo, compartiendo o abogando, puedes encontrar a Faby haciendo una de las cosas que más le gustan: pasar tiempo con familiares y amigos, o aventurándose al aire libre con Emma, caminando, explorando, viajando y #MostrandoleaEmmyelMundo.

Este libro es para cualquiera que haya experimentado alguna vez las desventajas de la vida, los tiempos oscuros, las dificultades, las luchas. Y para quien, en un momento u otro, se ha sentido solo; por favor, sepa que no está solo.

Este libro está destinado a ayudarlo a inspirarse para vivir una vida plena y hermosa y encontrar alegría a pesar de las dificultades que la vida le ha presentado.

http://www.fabyryan.com
Instagram @iam.fabyryan
Si necesita el apoyo de una comunidad que pueda entenderlo, búsquela en Facebook @widowedsolomommy

Hasta que nos encontremos de nuevo...